HISTÓRIA DO BRASIL IMPÉRIO

COLEÇÃO HISTÓRIA NA UNIVERSIDADE

Coordenação Jaime Pinsky e Carla Bassanezi Pinsky

ESTADOS UNIDOS *Vitor Izecksohn*
GRÉCIA E ROMA *Pedro Paulo Funari*
HISTÓRIA ANTIGA *Norberto Luiz Guarinello*
HISTÓRIA CONTEMPORÂNEA *Luís Edmundo Moraes*
HISTÓRIA CONTEMPORÂNEA 2 *Marcos Napolitano*
HISTÓRIA DA ÁFRICA *José Rivair Macedo*
HISTÓRIA DA AMÉRICA LATINA *Maria Ligia Prado* e *Gabriela Pellegrino*
HISTÓRIA DA ÁSIA *Fernando Pureza*
HISTÓRIA DO BRASIL COLÔNIA *Laima Mesgravis*
HISTÓRIA DO BRASIL CONTEMPORÂNEO *Carlos Fico*
HISTÓRIA DO BRASIL IMPÉRIO *Miriam Dolhnikoff*
HISTÓRIA DO BRASIL REPÚBLICA *Marcos Napolitano*
HISTÓRIA IBÉRICA *Ana Nemi*
HISTÓRIA MEDIEVAL *Marcelo Cândido da Silva*
HISTÓRIA MODERNA *Paulo Miceli*
PRÁTICAS DE PESQUISA EM HISTÓRIA *Tania Regina de Luca*

Conselho da Coleção
Marcos Napolitano
Maria Ligia Prado
Pedro Paulo Funari

Proibida a reprodução total ou parcial em qualquer mídia
sem a autorização escrita da editora.
Os infratores estão sujeitos às penas da lei.

A Editora não é responsável pelo conteúdo deste livro.
A Autora conhece os fatos narrados, pelos quais é responsável,
assim como se responsabiliza pelos juízos emitidos.

Consulte nosso catálogo completo e últimos lançamentos em www.editoracontexto.com.br.

Miriam Dolhnikoff

HISTÓRIA DO BRASIL IMPÉRIO

Coleção
HISTÓRIA NA UNIVERSIDADE

Copyright © 2017 da Autora

Todos os direitos desta edição reservados à
Editora Contexto (Editora Pinsky Ltda.)

Ilustração de capa
Óleo sobre tela a partir de litografia do "Casamento de
S. M. Dom Pedro I com a Princesa Amélia de Leuchtenberg",
Jean-Baptiste Debret, 1839.

Montagem de capa e diagramação
Gustavo S. Vilas Boas

Coordenação de textos
Carla Bassanezi Pinsky

Preparação de textos
Lilian Aquino

Revisão
Ana Paula Luccisano

Dados Internacionais de Catalogação na Publicação (CIP)
Andreia de Almeida CRB-8/7889

Dolhnikoff, Miriam
História do Brasil império / Miriam Dolhnikoff. –
1. ed., 7ª reimpressão. – São Paulo : Contexto, 2025.
176 p. (Coleção história na universidade)

ISBN 978-85-520-0020-4

1. História do Brasil – Estudo e ensino (Superior)
2. Brasil – História – Império, 1822-1889 3. Escravidão –
Brasil 4. Paraguai, Guerra do, 1865-1870 I. Título II. Série

17-0919   CDD 981

Índices para catálogo sistemático:
1. Brasil – História – Império, 1822-1889

2025

Editora Contexto
Diretor editorial: *Jaime Pinsky*

Rua Dr. José Elias, 520 – Alto da Lapa
05083-030 – São Paulo – SP
PABX: (11) 3832 5838
contato@editoracontexto.com.br
www.editoracontexto.com.br

Sumário

Introdução 7

Independência: deixar de ser português e tornar-se brasileiro 13

Uma nova nação, um novo Estado 31

Os tumultuados anos da Regência 49

A invenção do Brasil: a vida cultural no Império 69

Conflitos e negociação 87

O fim da escravidão 109

A monarquia e seus vizinhos 131

Abaixo a monarquia, viva a república 153

Sugestões de leitura 173

Introdução

A independência do Brasil, proclamada em 1822, marca o início de um longo processo: o da transformação da América portuguesa em uma nação, a construção política e social do Brasil. Antes colônia, seus habitantes, ao menos os colonos livres, se identificavam como súditos da Coroa lusitana. Isso não impedia a percepção por parcela deles de que sua forma de inserção no império era desfavorável. Houve momentos em que determinados grupos conspiraram para separar-se de Portugal, como os mineiros na Inconfidência de 1789. No entanto, eram movimentos circunscritos. No caso dos mineiros, por exemplo, pretendiam a independência de Minas Gerais e não de todo o território colonial. A instalação da Corte lusitana no Rio de Janeiro em 1808 teve profundo impacto nesse quadro. A colônia se transformou em sede do império. Os

8   HISTÓRIA DO BRASIL IMPÉRIO

caminhos que conduziram à independência e o processo posterior foram largamente influenciados por esse novo contexto.

De outro lado, por sua condição de parte integrante do império lusitano, pelas diferenças entre as regiões, com tênues vínculos entre si, a independência não foi a luta de uma nação pela sua liberdade. A colônia não se configurava como nação. Nem mesmo a unidade da América portuguesa em um só país estava definida. Ela foi a materialização, como se verá, de uma entre as alternativas possíveis. Não estava dada, de início, pois havia a possibilidade da fragmentação em vários países. O Brasil, tal como o conhecemos hoje, foi uma construção que resultou de disputas entre projetos e interesses diversos que se deram ao longo do século XIX, após a independência.

Séculos de colonização haviam resultado em regiões distintas e dispersas na América portuguesa. Atividades econômicas e costumes distanciavam uma região da outra, distância acentuada pelas dificuldades de comunicação e pela relação direta de cada uma com a metrópole. Nada mais diferente de Pernambuco e Bahia, centros da agricultura canavieira para exportação, principal atividade econômica da colônia, do que o Rio Grande do Sul, com sua economia voltada à pecuária e à indústria do charque, que abasteciam o mercado interno. Ou do que São Paulo, com sua tradicional economia de subsistência e plantio de trigo, que havia sido recentemente integrada ao mercado atlântico com uma produção açucareira que não conseguia, porém, concorrer com a do Norte (que no século XIX compreendia os atuais Nordeste e Norte). Ou ainda o Pará, cuja atividade principal era a extração das chamadas drogas do sertão, riqueza proporcionada pela floresta amazônica. Mas as diferenças não eram apenas econômicas. Elas eram também de costumes e de culturas.

Regiões heterogêneas e população heterogênea, separada entre escravos, libertos e livres. Negros, pardos, indígenas e brancos. Pobres e ricos. A elite que assumiu a direção política após a independência empenhou-se na organização de um Estado nacional capaz de gerir essa heterogeneidade. O que significava exercer sua soberania sobre um território definido, organizar um governo representativo e criar uma identidade nacional.

Não havia consenso no interior da elite sobre o caminho a ser adotado, divergências significativas a dividiam. Diferentes projetos de Estado e de nação se confrontaram. O desenho institucional, as formas de afirmação do Estado, o caminho para sua consolidação e expansão foram resultado de negociações e conflitos entre os diversos setores da elite, que detinham o monopólio da direção política.

Existiam, por outro lado, alguns pontos fundamentais que eram partilhados pela maioria dos seus membros. A continuidade da escravidão, a preservação da economia agrária voltada prioritariamente para a exportação, a manutenção da ordem interna, em uma sociedade profundamente hierarquizada. Compatibilizar o receituário liberal com esses objetivos foi o desafio enfrentado por esta elite.

Os diversos setores da população, por sua vez, atuaram de formas distintas. Escravos e homens livres pobres rebelaram-se em diferentes ocasiões em defesa de sua liberdade e por melhoria nas suas condições de vida. Mas, no caso dos homens livres, também atuaram nas brechas que o sistema oferecia.

A independência foi, desse modo, ruptura e continuidade. Ruptura com a metrópole, separação do império português, que resultou em complexo processo de construção do Estado e da nação. Continuidade de algumas das características herdadas do período colonial. Continuidade relativa, pois, no decorrer do século XIX, alguns desses elementos também sofreram transformações.

A América, através da colonização, se inseriu no mundo ocidental e na sua lógica política, social e econômica. A elite branca que dirigiu a organização do Estado e da nação estava imbuída do repertório de ideias europeias e norte-americanas. Ideias das quais se apropriou, adotando princípios e doutrinas, mas conferindo a elas uma interpretação condizente com a peculiaridade do contexto em que vivia. O liberalismo era então predominante. Propunha uma nova forma de organização de governo que implicava diferente relação entre Estado e sociedade. Entre as mudanças principais, estava o reconhecimento pelo Estado de que o indivíduo era portador de direitos inalienáveis, como o direito à liberdade e o direito à propriedade, que impunham limites à ação do Estado e que este tinha por obrigação defender. Ficaram conhecidos como direitos civis. Em segundo lugar, a organização do regime deveria obedecer ao princípio da representação. A tarefa de legislar caberia a uma assembleia de representantes dos cidadãos, escolhidos através de eleições.

10 HISTÓRIA DO BRASIL IMPÉRIO

Dessa forma, o poder decisório deixava de ser monopólio do monarca e seu grupo. Esse tipo de regime, conhecido como governo representativo, podia assumir a forma de república ou de monarquia constitucional. Neste último caso, o rei passava a se submeter à assembleia de representantes eleitos, o Legislativo, cuja competência iniciava-se com a formulação de uma constituição que normatizaria todas as demais leis que viessem a ser promulgadas. Além disso, as funções de Estado eram divididas entre poderes que gozavam de independência suficiente para exercer suas atribuições conforme a lei e não pela imposição da vontade do rei. A ideia de cidadania trazia consigo uma nova forma de inserção social e política da população. Os indivíduos tornavam-se sujeitos portadores de direitos e participavam das decisões políticas.

Em que medida a monarquia brasileira foi pautada pelos princípios do liberalismo? Como compatibilizar governo representativo com escravidão e profunda hierarquia social? Quais limites estavam dados para colocar o ideário liberal em prática em uma sociedade escravista? De que forma as fissuras sociais alimentaram e contestaram esse processo? Essas são algumas perguntas que serão enfrentadas ao longo deste livro.

É preciso, porém, salientar que, no século XIX, as características dos governos representativos eram distintas das democracias contemporâneas. Não existia, por exemplo, o voto universal, nem sequer a ideia de que o direito de participação política deveria ser estendido a toda a população. Ampliava-se significativamente essa participação em relação às monarquias absolutistas, mas apenas para incluir certos setores da sociedade. Além disso, a crença de que caberia aos representantes eleitos definir o que seria o bem comum trazia consigo a ideia de que deveriam ser escolhidos indivíduos "virtuosos", e isso só seria possível se os eleitores fossem também eles "virtuosos". O que legitimava a imposição de uma série de restrições ao direito de voto como, por exemplo, a exigência de determinada renda ou ser alfabetizado. Por fim, o liberalismo do século XIX pautou, nos países que o adotaram, a organização de regimes nos quais à determinada elite cabia o controle político.

Em uma sociedade escravista, quando a própria nação estava sendo construída, apresentava-se ainda a tarefa de definir o que era ser brasileiro, formular uma identidade nacional. Ao longo do século XIX, essa definição perpassou tanto a discussão política como a produção cultural. Criar laços simbólicos, lealdades patrióticas, unificar em uma comunidade nacional uma população profundamente heterogênea.

A mobilização de escravos e de homens livres pobres, que viviam em condições precárias, colocou em xeque tanto a escravidão como a hierarquia social. Foi um caminho de mão dupla. A organização de um regime liberal e a criação de uma identidade nacional foram instrumentos importantes para legitimar o novo Estado perante os diversos setores sociais. De modo que, no geral, a monarquia foi capaz de manter a ordem escravista. Mas teve também que enfrentar revoltas que a contestavam.

Aparentemente paradoxal, foi sob o regime organizado de modo a preservar a escravidão que se deu o processo que desaguou na mais importante mudança do período, justamente o fim da escravatura. Os contextos interno e externo explicam os limites da monarquia na preservação da ordem e os diversos elementos que resultaram em alterações de grande alcance.

A história do Brasil do século XIX descortina os fundamentos sobre os quais foi construído o país, suas características, o perfil do Estado, a dinâmica social, os traços que delinearam a nação. Continuidades, rupturas, mudanças parciais, outras mais profundas marcam a história da nação que começou a ser construída no início do século XIX. Conhecer esses elementos contribui para entender o país atual.

Independência: deixar de ser português e tornar-se brasileiro

No final de 1807 ocorreu um fato sem precedentes nos impérios coloniais: o governo português, sediado em Lisboa, de onde administrava colônias na América, na África e na Ásia, transferiu-se para uma delas, a americana, e instalou-se no Rio de Janeiro. Diante da guerra que se desenrolava entre Inglaterra e França, Portugal foi obrigado a tomar uma posição. Pressionado pelas duas potências europeias, tinha que se aliar a uma ou a outra, o que significava ao mesmo tempo declarar guerra a uma delas. Houve conflito no interior do governo português sobre qual partido tomar. Aliar-se à Inglaterra resultaria na invasão do reino pelos franceses. A aliança com a França, por sua vez, colocava em risco o controle sobre a América, que ficaria sujeita à intervenção da poderosa marinha

14 HISTÓRIA DO BRASIL IMPÉRIO

britânica. Qualquer escolha acarretaria uma perda. Portanto, a decisão era qual seria a perda menos onerosa.

Venceu o grupo que defendia a aliança com a Inglaterra, conferindo prioridade em manter as posses de além-mar e contando com o apoio britânico para defender o reino da provável invasão francesa. A colônia americana era vista por esse grupo como a parte com maior potencial econômico do império. Por essa razão, um dos seus líderes, D. Rodrigo de Souza Coutinho, já defendera em ocasiões anteriores a transferência da sede do governo metropolitano para o Rio de Janeiro e a adoção de reformas que alterassem a inserção da colônia, de modo a permitir que suas potencialidades pudessem se desenvolver.

A decisão pela aliança com a Inglaterra, diante da iminente invasão francesa, foi também a decisão de colocar em prática a proposta de transferir a Corte para o Rio de Janeiro. Apresentada, então, como estratégia defensiva, teve impacto que transcendeu os conflitos bélicos europeus. A sede do império português, a partir de 1808, era uma pequena cidade colonial, resultando em transformações profundas na América portuguesa e na sua relação com o império lusitano.

Para o Rio de Janeiro deslocaram-se nobres, funcionários dos primeiros escalões, as instâncias de governo, a rainha D. Maria I e seu filho, D. João, que ocupava o cargo de regente em função da doença mental que havia acometido sua mãe. Quais seriam as consequências de tamanha inversão, a capital do grande império e o aparato do governo estarem estabelecidos em território colonial?

NOVA CAPITAL DO IMPÉRIO

Em primeiro lugar, não era mais possível manter um dos principais elementos que marcavam a relação da América com Portugal: o exclusivo metropolitano. Até então, apenas portugueses podiam fazer comércio com a colônia e apenas eles tinham permissão de desembarcar em seus portos. O monopólio comercial era um dos mecanismos centrais que propiciava lucro aos portugueses. Entretanto, não era cabível que a nova sede do império permanecesse fechada ao restante do mundo, até porque Portugal encontrava-se em guerra com a França. Assim, logo que desembarcou, ainda em Salvador, D. João extinguiu o exclusivo, no que ficou conhecido como abertura dos portos. Comerciantes de outras nações poderiam fazer negócios diretamente com a América portuguesa, que se abria também para a entrada de viajantes de outras nacionalidades.

Em relação ao comércio, foram os ingleses os mais beneficiados, por sua dianteira industrial e sua aliança política com os portugueses. Os manufaturados ingleses eram os principais produtos que adentravam os portos da América lusitana. A medida, por outro lado, atendia aos anseios dos grandes proprietários de terra da colônia, pois a liberdade para comercializar era condição do aumento de seus lucros.

A abertura dos portos, contudo, não tinha apenas um aspecto econômico. Ela abria a América para o mundo. A partir de então, recebeu viajantes de várias nacionalidades: ingleses, alemães, dinamarqueses, italianos, suecos e, depois de terminada a guerra, também franceses. Vieram, de um lado, cientistas ansiosos por conhecer as especificidades daquela terra que por séculos ficara reservada aos portugueses. Estudiosos da flora, da fauna, dos costumes viajaram pela América lusitana para descrever plantas e animais, para estudar os costumes indígenas. Entre eles, destacaram-se Auguste de Saint-Hilaire, Johann von Spix, Carl von Martius, Jean Debret e John Luccock. Fizeram detalhados relatos de suas viagens nesse período e pinturas que procuravam retratar os costumes locais, como a querer mostrar ao mundo a misteriosa Terra de Santa Cruz, que só agora lhes era dado conhecer. Contribuíram para ampliar o conhecimento que se tinha sobre a América. Tanto o conhecimento científico, ao estudarem a flora, a fauna, os minérios, como o conhecimento de regiões ainda não exploradas pelos portugueses. Ao fazê-lo, introduziram olhares diferentes. O olhar de quem vinha de outra realidade, de quem tinha outras referências culturais e nacionais. Assim, mesmo o que já era conhecido por portugueses e colonos foi visto de outras formas a partir dos registros deixados por esses viajantes.

A instalação da Corte no Rio de Janeiro teve também como resultado um governo que chamava para si a administração do território americano. Foram realizados investimentos em estradas que ligavam a nova capital às diferentes partes da América portuguesa, com a principal intenção de a elas levar a sua autoridade. Foram transferidas para a colônia instâncias importantes, responsáveis pelas decisões administrativas e políticas. Foi

16   HISTÓRIA DO BRASIL IMPÉRIO

necessária a organização de instituições de governo; a criação da Imprensa Régia, para publicar a legislação e demais medidas governamentais; a abertura de cursos de nível superior, como o de Economia Política e os da Real Academia Militar; o treinamento de membros da elite local para ocupar os postos de governo etc. Para viabilizar essas medidas, ao longo do tempo a arrecadação de impostos foi em grande parte direcionada para o território americano. Era o princípio da integração, ao menos administrativa, das diversas partes da colônia sob a direção do Rio de Janeiro.

UM REINO NA AMÉRICA

Como sede da capital do império e com o fim do exclusivo metropolitano, a colônia não era, na prática, mais colônia. O reconhecimento dessa situação de fato veio em 1815, quando formalmente foi mudado o estatuto do Brasil, ao ser transformado em Reino Unido a Portugal e Algarves. Adquiria oficialmente a mesma condição política que Portugal. Quando isso ocorreu, já fazia cinco anos que a guerra contra a França tinha acabado.

Depois da expulsão dos franceses em 1810, com auxílio das tropas britânicas, teve início o custoso processo de reconstrução do país. A expectativa entre os portugueses era de que, encerrada a guerra, a Corte retornasse a Lisboa, de modo que o reino voltasse a sediar a capital do império. Mas isso não aconteceu. Passavam-se os anos e a Corte não dava sinais de que pretendia sair do Rio de Janeiro.

A permanência da Corte na antiga colônia pode ser explicada de diversas formas. Em primeiro lugar, o enraizamento dos interesses de membros da nobreza e da burocracia reinol nas terras de além-mar. Nobres e funcionários de alto escalão do governo, uma vez instalados no Rio de Janeiro, tornaram-se proprietários de terra, estabeleceram negócios com a elite local, tanto na agricultura de exportação como no grande comércio. Centenas de pessoas fixaram residência na nova capital. Outras tantas para lá se dirigiam, para tratar de eventuais negócios com o governo e recorrer a determinadas instâncias, como, por exemplo, as responsáveis por decisões judiciais. O significativo aumento da população do Rio de Janeiro gerou a demanda por gêneros de subsistência e, consequentemente, um intenso comércio de abastecimento, alimentado pela produção de São Paulo e

Minas Gerais. Através do vale do Paraíba, rota das tropas de mula, principal forma de transporte de mercadorias, esses produtos eram escoados para o Rio de Janeiro. Muitos daqueles proprietários e comerciantes que se dedicaram a essa atividade foram agraciados pelo governo com terras no vale do Paraíba, dando origem aos grandes latifúndios que se dedicariam à produção de café. A estreita relação entre membros do governo e essas elites era altamente rentável para os primeiros. Associaram-se para explorar comércio e agricultura, mas não apenas por meio de contratos. Nobres e altos funcionários casaram-se com filhas da elite local.

Havia ainda motivações de natureza política. A transferência da Corte foi a materialização de um projeto que por algum tempo já era defendido pelo grupo liderado por D. Rodrigo de Souza Coutinho. A mudança de estatuto da outrora colônia, transformada em reino, e a capital na América eram consideradas medidas estratégicas para fortalecer o império como um todo. Desse ponto de vista, a América era o centro a partir do qual seria alavancado o desenvolvimento do império. A elevação à condição de Reino Unido, em 1815, seria a formalização da vitória desse projeto. Além disso, a independência dos Estados Unidos e movimentos como a Inconfidência Mineira colocaram em pauta o risco de perder a colônia. Risco que seria neutralizado pelas reformas que garantiriam maiores liberdades para os colonos e pela própria presença da Corte.

A frustração das expectativas iniciais de que, terminada a guerra com a França, a Corte retornaria a Lisboa, fazia crescer, paulatinamente, a tensão entre os portugueses dos dois lados do Atlântico. Surgiam também dificuldades na relação entre o Rio de Janeiro e colonos de outras regiões da América. As distâncias geográficas, de interesses políticos, de costumes geravam demandas que não eram atendidas pelo governo. O maior foco de insatisfação manifestou-se em Pernambuco. A elite pernambucana via a Corte no Rio como praticamente uma nova metrópole. Senhores de engenho, grandes comerciantes ligados à exportação de açúcar e ao tráfico de escravos, profissionais liberais e padres compunham essa elite, a qual exigia maior autonomia política e recursos financeiros para atender às demandas, como o investimento em obras públicas, que beneficiariam a economia da província. De fato, os investimentos se concentraram prioritariamente na região Centro-Sul (atual Sudeste),

HISTÓRIA DO BRASIL IMPÉRIO

sem que as regiões do então genericamente chamado Norte (atual Norte e Nordeste) fossem agraciadas com melhorias relevantes. A independência, que teria como vantagem adicional a possibilidade de instaurar um regime liberal, era ainda o projeto mais atraente. Em 1817, membros da elite pernambucana iniciaram uma revolta com este objetivo: tornar Pernambuco independente sob um governo republicano. No entanto, foram militarmente derrotados pelas tropas governistas.

A revolta de 1817 em Pernambuco foi um prenúncio do fracasso do projeto do reformismo ilustrado no Brasil. Entre outras coisas, evidenciava sua incapacidade de promover a unidade da América sob o governo do Rio de Janeiro sem gerar ou aprofundar graves tensões. E uma das fontes do problema estava na associação do reformismo ilustrado com o absolutismo, que se traduzia em centralismo. A iniciativa política continuava concentrada nas mãos do monarca, enquanto a arrecadação tributária era centralizada, tornando as partes do império dependentes do governo central. Os pernambucanos se ressentiam, em especial, de novos impostos criados justamente para financiar a manutenção da Corte no Rio de Janeiro e promover as melhorias que a cidade, como capital, exigia. Talvez o mais importante, a revolta indicava que as ideias de um governo representativo começavam a penetrar no mundo português de maneira mais intensa, materializada na reivindicação pernambucana por uma república.

A REVOLUÇÃO PORTUGUESA

Enquanto movimentos de insatisfação eram resolvidos militarmente na América, continuava a crescer o descontentamento em Portugal. Em 1820 eclodiu uma revolta armada liderada pela burguesia mercantil. Ela teve início na cidade do Porto, onde se concentrava boa parte do comércio de larga escala do reino. A Revolução do Porto, como ficou conhecida, obteve grande adesão de diversos setores da população. Os rebeldes exigiam o retorno da Corte para Lisboa. E não era apenas isso, reivindicavam a mudança de regime, de uma monarquia absolutista para uma monarquia constitucional. Em Portugal, o desejo de um regime liberal, um governo representativo na forma de uma monarquia constitucional, também era alimentado por parte significativa da população.

INDEPENDÊNCIA   *19*

Conforme afirmou, então, o marquês da Fronteira,

> [...] as ideias de revolução eram gerais. Rapazes e velhos, frades e seculares, todos a desejavam. Uns, que conheciam as vantagens do governo representativo, queriam este governo; e todos queriam a Corte em Lisboa, porque odiavam a ideia de ser colônia de uma colônia.

Os rebeldes foram vitoriosos e assumiram o governo.

A demanda por monarquia constitucional estava em harmonia com os ventos liberais que sopravam por grande parte da Europa. A vitória da Revolução do Porto foi seguida pela convocação das Cortes de Lisboa, assembleia de representantes eleitos, para escrever uma constituição.

As Cortes reuniram-se em Lisboa em 26 de janeiro de 1821. Somente em março chegariam à América as instruções para se proceder às eleições de representantes de cada capitania luso-americana. Muito embora, entre os deputados de Portugal, houvesse os que desejassem retomar os privilégios coloniais em relação à América portuguesa, prevaleceu, por parte da maioria, o reconhecimento do novo estatuto de reino unido da ex-colônia, logo, de território integrado ao império em condições de igualdade com Portugal.

Na América lusitana, as notícias da revolução foram bem recebidas pelas elites locais. A monarquia constitucional condizia com suas aspirações, ao abrir espaço maior para sua participação. Reunidas as Cortes, duas medidas importantes foram aprovadas em relação à América: a exigência do retorno da Corte a Lisboa e a determinação de que as capitanias, transformadas em províncias, seriam governadas por juntas eleitas localmente. As capitanias da ex-colônia, a começar pela do Pará, manifestaram, uma a uma, sua adesão aos princípios da Revolução do Porto, declarando-se províncias do império e constituindo juntas governativas, na primeira experiência de governos próprios em território luso-americano. Foram também realizadas eleições para indicar os representantes de cada província nas Cortes lisboetas. Depois de um breve período de hesitação, D. João VI acabou se rendendo à vitória dos rebeldes e embarcou para Portugal, mas deixou no Rio de Janeiro seu filho, D. Pedro, príncipe herdeiro, para dirigir a América na condição de regente.

DEPUTADOS DA AMÉRICA X DEPUTADOS PORTUGUESES

Com a chegada dos deputados da América a Lisboa, teve início uma intensa disputa entre eles e os representantes do reino. Os representantes da América e os da metrópole concordavam com a instauração de uma monarquia constitucional. Concordavam também com a permanência da América no império português na condição de Reino Unido, ou seja, nem os luso-americanos falavam em independência, nem os metropolitanos fizeram tentativas de retomar antigos privilégios coloniais, como o fechamento dos portos. Por que então surgiram divergências entre eles? O problema fundamental estava no perfil que deveria ter a monarquia constitucional. Enquanto os deputados luso-americanos queriam preservar o grande grau de autonomia conquistado com a instalação da Corte no Rio de Janeiro, os portugueses do reino estavam decididos a organizar um regime centralizado em Lisboa. Se isso significava que todas as partes do império teriam representantes no Legislativo, e que este teria um poder decisório fundamental no jogo político, de outro lado, implicava que suas decisões seriam tomadas em Lisboa e, em seguida, aplicadas a todo o império. Era a segunda parte que os luso-brasileiros consideravam inaceitável, apesar do fato de que estariam representados na Assembleia Geral e de que as liberdades conquistadas em 1808, especialmente a de comércio, permaneceriam inalteradas.

Manter um governo no Rio de Janeiro, com capacidade decisória sobre temas relativos aos interesses específicos da América, era uma reivindicação inegociável para os luso-americanos. Manter um governo imperial central em Lisboa começava a parecer uma reivindicação inegociável para os portugueses.

De início, os deputados luso-brasileiros não tiveram uma atuação coordenada. Não se consideravam representantes de uma nação brasileira, que não existia, nem mesmo do conjunto da América portuguesa. Cada qual se via como representante de sua província. Unificaram-se, contudo, na oposição ao projeto centralizador dos deputados portugueses.

Em setembro de 1821, as Cortes promulgaram um decreto ordenando que D. Pedro retornasse a Portugal. Outro decreto determinava a extinção dos tribunais criados por D. João VI no Brasil a partir de 1808. Era um duro golpe contra as pretensões de se manter um governo autônomo no Rio de Janeiro. Os deputados portugueses mostravam disposição de tornar esse projeto inviável na prática.

A AMÉRICA REAGE

As ordens lisboetas chegaram ao Brasil em dezembro e foi imediata a reação das elites americanas: a articulação em torno da permanência de D. Pedro no Rio de Janeiro. Os líderes da Câmara Municipal fluminense começaram prontamente a recolher assinaturas em uma representação que pedia a D. Pedro para desobedecer às Cortes e ficar no Brasil. Mandaram ainda emissários para São Paulo e Minas Gerais, a fim de obter o apoio das elites dessas províncias. Em virtude da diversidade econômica, as elites, em São Paulo e Minas Gerais, contavam com fazendeiros dedicados à agricultura de exportação, notadamente de açúcar, e outros que se dedicavam à produção de gêneros de subsistência comercializados para outras províncias e, em especial, para o Rio de Janeiro. Faziam parte delas também comerciantes de mulas para transporte, que distribuíam as mulas vindas do Rio Grande do Sul a outras províncias, através da feira de Sorocaba. Profissionais liberais, como advogados, homens de letras, magistrados, além de padres também as integravam. Compartilhavam o ideário liberal e a defesa de um governo autônomo no Rio de Janeiro, de modo a garantir sua participação nas decisões políticas.

Antes mesmo da chegada do emissário do Rio de Janeiro, contudo, a reação em São Paulo já se articulava, sob a liderança de José Bonifácio de Andrada e Silva. A junta local enviou uma carta ao príncipe, ainda em dezembro de 1821, igualmente o incitando a desobedecer às Cortes e permanecer no Brasil.

As articulações de paulistas, fluminenses e mineiros denotavam o esforço de uma ação conjunta em torno da figura de D. Pedro. Este recebeu a carta dos paulistas no dia 1º de janeiro de 1822, e no dia 9, uma deputação do Senado da Câmara do Rio de Janeiro entregou-lhe sua representação com 8 mil assinaturas. Em resposta, o príncipe anunciou que não pretendia deixar o Brasil, no que ficou conhecido como o Dia do Fico. D. Pedro resolvera desafiar as ordens das Cortes lisboetas, provavelmente, porque ele e seu grupo consideravam que essa seria a melhor estratégia para forçar os deputados a aceitarem um governo com certa autonomia no Rio de Janeiro e evitar uma eventual independência. Também deve ter calculado que, no caso de uma separação, a aliança com a elite local lhe permitiria assumir a direção do novo país.

Em 17 de janeiro de 1822, a deputação paulista chegava ao Rio. No mesmo dia, Bonifácio, que dela fazia parte, encontrou-se com D. Pedro e foi

AS DISPUTAS SE INTENSIFICAM

por ele convidado para ser ministro do Reino e Estrangeiros. Era a primeira vez que um homem nascido na colônia assumia um cargo de primeiro escalão.

AS DISPUTAS SE INTENSIFICAM

Estavam lançadas as sementes que resultariam na independência e na forma pela qual ela se realizaria. As elites locais, diante da dificuldade em manter um governo com expressivo grau de autonomia, começavam a expressar a vontade de se separar do reino europeu através de uma aliança com o príncipe herdeiro da Coroa lusitana.

Depois de desobedecer às ordens de retornar a Lisboa, D. Pedro provavelmente se preparava para um inevitável confronto com as Cortes. Sua decisão de convidar Bonifácio para o ministério indica a disposição do príncipe de se aliar à elite local na defesa de um governo autônomo dirigido por ele na América. Bonifácio parecia o nome mais adequado para integrar esse governo. Pertencia à elite nativa e conhecia de perto os meandros da Corte, em função de longa permanência em Portugal. Para lá fora com o propósito de estudar na Universidade de Coimbra, como era comum entre os filhos da elite luso-americana. Mas depois de formado, permaneceu no reino, onde construiu uma sólida carreira científica, especialista que era em mineralogia, ocupando vários cargos na burocracia portuguesa. Só retornou ao Brasil com 59 anos, nas vésperas da Revolução do Porto.

Ao recorrerem ao príncipe, as elites brasileiras esperavam garantir seus interesses e, ao mesmo tempo, minimizar o risco de um abalo maior da ordem interna. Pois se acaso se tornasse inevitável, a separação de Portugal seria então comandada pelo governo instalado no Rio de Janeiro sob as ordens de D. Pedro, buscando-se evitar uma guerra, além da consequente mobilização da sociedade. Era a mudança com ordem que se adequava bem às expectativas da elite luso-americana.

Diante do impasse com os deputados portugueses, começou a ser implementada no Brasil, à sua revelia, a proposta de um governo local autônomo. Bonifácio tomou para si a tarefa de organizar um órgão legislativo para elaborar as leis de interesse específico do Brasil: significava a firme disposição de não perder a capacidade de tomar deliberações nos assuntos locais. Em 17 de fevereiro de 1822, foi convocada a Junta de Procuradores das Províncias.

A convocação expôs, porém, o fato de que, se as elites locais estavam unidas no enfrentamento do projeto defendido por Lisboa, isso não impedia as divergências internas nem as disputas pelo poder. Havia, de um lado, o risco de que as distâncias e as diferenças entre as províncias resultassem na fragmentação da América portuguesa em vários países, uma vez proclamada a independência. De outro, não havia consenso sobre como deveria se organizar o governo na América. Os fluminenses, liderados pelo oficial maior da contadoria do arsenal do exército, Gonçalves Ledo, pelo juiz de fora José Clemente Pereira e pelo padre Januário da Cunha Barbosa, membros da Câmara Municipal do Rio de Janeiro, defendiam que, a fim de tratar dos assuntos específicos da América portuguesa, deveria ser convocada a "constituinte brasílica". A convocação da junta de procuradores foi considerada uma alternativa conservadora, o que gerou críticas a Bonifácio. Este temia que a convocação de uma constituinte causasse uma grande mobilização e que, com isso, o governo perdesse o controle dos acontecimentos.

A divergência entre ele e o grupo de Gonçalves Ledo se revelaria uma disputa entre projetos políticos. Enquanto Bonifácio advogava um governo com um Executivo forte, Ledo queria que o Parlamento, no interior do qual os diversos setores da elite estariam representados, concentrasse a maior parcela de poder. A vinda da Corte, o envolvimento na Revolução do Porto e, posteriormente, na independência e no processo de construção do Estado nacional corresponderam ao processo em que se forjou a elite política brasileira. A maioria dos seus membros era proveniente da elite econômica – grandes fazendeiros, comerciantes e traficantes de escravos. Mas havia também padres, militares, profissionais liberais, como jornalistas e advogados, magistrados e homens de letras. Compartilhavam a defesa de um regime liberal e eram, em sua maioria, defensores da ordem escravista, mas havia também divergências. Entre elas, a forma como deveria se organizar o governo na América e, depois da independência, a monarquia (como se verá nos próximos capítulos). As diferenças econômicas, geográficas, de costumes entre as províncias também geravam demandas que não eram coincidentes entre si. O Parlamento deveria ser, na concepção dos defensores de uma constituinte, a instância na qual diferentes interesses e projetos políticos seriam negociados.

Explicitavam-se, nesse momento, as diferenças entre os diversos membros da elite luso-brasileira que se articulava em torno de D. Pedro

24   HISTÓRIA DO BRASIL IMPÉRIO

para resistir aos portugueses do outro lado do Atlântico. D. Pedro acabou cedendo ao grupo de Gonçalves Ledo, que fazia intensa campanha pela imprensa e havia recolhido no Rio de Janeiro 6 mil assinaturas a favor da convocação da Constituinte. Em abril já se tratava no Brasil de organizar cortes constituintes próprias. Resultado da capacidade de mobilização e pressão daqueles que a defendiam, mas também porque a radicalização dos acontecimentos fizera com que a proposta da constituinte brasílica fosse afinal encampada por D. Pedro.

Apenas em agosto chegou a Lisboa a notícia da convocação da assembleia brasileira. A essa altura, qualquer saída conciliatória parecia inviável. No dia 26, diante da notícia, os deputados paulistas solicitaram formalmente seu afastamento das Cortes lisboetas, por não se considerarem mais representantes de sua província, agora em clara dissidência com Portugal. Compreendiam que o diálogo não era mais possível e a separação mais que provável, não vendo, portanto, sentido em continuar participando das Cortes. A comissão encarregada de examinar o pedido de afastamento, porém, recusou-o.

No final de setembro, sem ainda saberem dos últimos acontecimentos no Brasil, onde a independência havia sido proclamada no dia 7, a nova Constituição elaborada pelas Cortes foi jurada, mas alguns deputados brasileiros, entre eles Antônio Carlos, Diogo Antônio Feijó e Nicolau Pereira de Campos Vergueiro, recusaram-se a fazer o juramento e assinar a Constituição, fugindo então para o Brasil.

A recusa em jurar a Constituição e a fuga de Portugal foram explicadas por Vergueiro em uma carta na qual afirmava explicitamente que o problema estava no desenho institucional da nova monarquia:

> Examinei nos próprios indivíduos a vontade geral ainda antes de saber que me havia de ser tão necessário conhecê-la e, observando que no meio do entusiasmo com que o Brasil aderiu ao sistema proclamado no sempre memorável dia 24 de agosto não se meditavam os laços que deviam unir entre si e ao reino irmão povos tão dispersos, notei que as tumultuosas ideias que se produziam rolavam sempre sobre estes princípios fixos: integridade do Brasil e representação de Reino tanto em nome como em fato. Donde era óbvio concluir que o Brasil só ficaria unido a Portugal por federação.

RUPTURA

No Brasil, os acontecimentos se precipitavam. O governo trabalhava para garantir a adesão das diversas províncias a D. Pedro. O confronto com as Cortes fora resultado da aliança de D. Pedro com as elites do Centro-Sul (São Paulo, Minas Gerais e Rio de Janeiro), materializada na decisão do príncipe de permanecer no Brasil. O desafio do governo, porém, não era apenas de se afirmar diante da intransigência dos portugueses, mas também de se impor às demais regiões da América lusitana.

A essa altura se instalara uma disputa entre o governo do Rio de Janeiro e o de Lisboa pela lealdade das diversas províncias da América. Para conquistar a adesão das demais partes do território luso-americano, foram enviados emissários de D. Pedro para intervir na política local.

No Maranhão e no Pará, dadas as relações comerciais com Portugal e a maior facilidade de comunicação com o reino europeu do que com o Rio, a elite tendia a manter-se unida ao primeiro, rechaçando a liderança de D. Pedro. No Pará, os membros dessa elite eram, em geral, grandes proprietários e comerciantes ligados à exportação de produtos extraídos da selva amazônica. No Maranhão eram latifundiários que produziam arroz e algodão, também para exportação, e outros que se dedicavam à pecuária. Magistrados e membros do clero integravam, ainda, a elite das duas províncias. Na Bahia, as tropas portuguesas lideradas pelo general Madeira de Melo, fiel a Lisboa, controlavam a situação. Em favor da independência, mobilizaram-se senhores de engenho, profissionais liberais e homens livres pobres em uma guerra que só terminaria no ano seguinte. Tanto no caso do Maranhão como no da Bahia, a solução foi mandar tropas comandadas por mercenários contratados pelo governo para forçar a adesão ao Rio de Janeiro. Para o Maranhão foi enviado o inglês Thomas Cochrane, que servia na Marinha chilena e foi contratado em setembro de 1822, na qualidade de almirante. Para a Bahia foi mandado, em agosto do mesmo ano, o general francês Pedro Labatut, que havia participado da guerra de independência na América espanhola e lutado ao lado de Simón Bolívar. Também o Pará foi forçado a aderir ao império brasileiro pela força das tropas para lá enviadas.

Na Bahia, a guerra foi prolongada e só em julho de 1823 as tropas de Labatut foram capazes de vencer Madeira de Melo, expulsando os portu-

26 HISTÓRIA DO BRASIL IMPÉRIO

gueses e declarando sua independência e integração ao império brasileiro. No Piauí havia problemas, porque também lá tropas portuguesas controlavam a situação. Assim, mesmo depois de proclamada a independência, foi preciso uma guerra para expulsar os portugueses. Só em março de 1823, depois de prolongado conflito, os portugueses foram finalmente expulsos do Piauí e a província uniu-se ao Brasil.

A convocação da Constituinte, nesse contexto, era um instrumento poderoso, pois oferecia às elites provinciais a possibilidade de participação nas tomadas de decisão do governo do Rio de Janeiro. Elas ansiavam por um regime que lhes assegurasse a liberdade de governar sua região. A convocação da Assembleia lhes garantia, de um lado, espaço institucional para participar das decisões políticas gerais, através de seus representantes, e de outro, a possibilidade de elaborarem uma constituição que consagrasse a autonomia provincial. Lisboa, ao contrário, acenava com um governo centralizado na distante Europa. Assim, os esforços vindos do ministério de D. Pedro surtiram resultado, de modo que a maior parte das províncias acabou manifestando sua adesão ao Rio de Janeiro.

INDEPENDÊNCIA

Em agosto de 1822, as notícias que chegavam de Portugal não eram nada animadoras. Como reação, a 6 de agosto, D. Pedro tornou público um manifesto dirigido aos governos das nações amigas, cuja autoria é atribuída a Bonifácio. Mais de um mês antes do famoso grito de 7 de setembro, a independência brasileira era então declarada. Depois de afirmá-la, o manifesto apresentava os motivos que levaram ao rompimento com Portugal.

A importância desse documento está no fato de que, para justificar a emancipação política, uma versão da história é nele apresentada, e essa seria durante muito tempo a versão oficial da história brasileira.

Nela, o Brasil era um território ocupado, a partir da colonização, por forças portuguesas que nada mais desejavam do que explorar suas riquezas. Os povoadores das novas terras, apesar da mesma origem lusitana, eram então apresentados como brasileiros oprimidos, subjugados pela "tirania portuguesa", que, sem gozarem de liberdade, sofriam a "miséria e a escravidão". O pacto colonial era apontado como um dos instrumentos de opressão e exploração, ao impor o monopólio do comércio colonial pela metrópole:

> Privado o Brasil do mercado geral das nações e, por conseguinte, da sua concorrência, que encarecia as compras e abaratava as vendas, nenhum outro recurso lhe restava se não mandá-las [suas mercadorias] aos portos da metrópole e estimular assim, cada vez mais, a sórdida cobiça e prepotência de seus tiranos.

Impostos excessivos, leis injustas e opressoras, administradores ignorantes e cruéis eram outros componentes de uma colonização culpada pela desgraça do Brasil e dos brasileiros.

Curiosa inversão, essa forma de contar a história da América lusitana era assinada pelo príncipe herdeiro da Coroa portuguesa e redigida por um homem que vivera a maior parte da vida em Portugal, integrando a burocracia lusitana e dedicando todos seus esforços para salvar o império português da decadência. Essa visão contrastava fortemente com aquela adotada por ambos até então, quando ainda vislumbravam a possibilidade de um império luso-brasileiro. Defensores veementes da união entre Brasil e Portugal, José Bonifácio, D. Pedro e a elite luso-americana só optaram pela independência em função da intransigente decisão das Cortes lusitanas de organizar a monarquia constitucional com um governo centralizado em Lisboa. Portanto, ao menos até 1821, não era a visão expressa no manifesto que o príncipe e seu ministro tinham da colonização, muito ao contrário. Bonifácio, em especial, demonstrou em seus escritos dos tempos de Lisboa que pensava a América como parte integrante do império português, e que do governo lusitano esperava as medidas que levariam ao seu desenvolvimento.

O documento ainda apresentava as terras luso-americanas como uma unidade, o Brasil, em oposição ao reino opressor, Portugal. No entanto, tal unidade não existia, sendo apenas, naquele momento, um projeto do grupo articulado em torno do governo de D. Pedro. Carecia ainda de se materializar, enfrentando a resistência das elites provinciais, ciosas de sua autonomia e carentes de vínculos que conformassem uma nação.

28 HISTÓRIA DO BRASIL IMPÉRIO

O manifesto de 6 de agosto de 1822, além de primeiro registro formal da decretação da independência do Brasil, é exemplo de como a história pode ser contada para servir a um projeto político. Nesse caso, buscar legitimidade tanto para a emancipação brasileira, apresentando-a como o resultado da luta de um povo oprimido, quanto para o projeto de unidade da América lusitana sob o governo do Rio de Janeiro, apresentando essa unidade – e esse projeto – como um fato histórico consolidado.

Em 14 de agosto, D. Pedro viajou para São Paulo, onde um grupo adversário de Bonifácio havia iniciado uma revolta. Enquanto estava ausente do Rio de Janeiro, chegaram à capital notícias de que os deputados em Lisboa haviam decidido pela radicalização, no sentido de submeter D. Pedro e seus aliados na América. O príncipe havia sido reduzido a um simples delegado temporário das Cortes, que se tornaram responsáveis por nomear seus secretários.

Na viagem de volta ao Rio de Janeiro, D. Pedro, quando ainda se encontrava às margens do rio Ipiranga, em São Paulo, foi alcançado no dia 7 de setembro por um emissário que trazia cartas da capital, uma de Bonifácio e duas de sua mulher, D. Leopoldina, informando sobre os últimos acontecimentos. As Cortes haviam anulado todas as medidas tomadas pelo ministério de José Bonifácio e ordenado que D. Pedro substituísse seus ministros por outros nomeados por Portugal. Ordenavam, também, que fossem investigados todos os atos dos ministros considerados subversivos. Em sua carta, Bonifácio afirmava: "O dado está lançado e de Portugal não temos a esperar senão escravidão e horrores. Venha V. A. quanto antes e decida-se, porque irresoluções e medidas de água morna, à vista deste contrário que não nos poupa, para nada servem".

Um acordo com Lisboa que preservasse os poderes do governo de D. Pedro na América não seria agora aceito em Portugal, e a saída era, portanto, a independência. D. Pedro a proclamou, tendo como aliadas partes significativas das elites brasileiras. Em outubro, foi coroado imperador do Brasil. A partir de então, o desafio era construir uma nova nação e um novo Estado. A América lusitana deveria se transformar no Brasil e seus habitantes deixariam de ser portugueses para se tornarem brasileiros.

OS HABITANTES DO NOVO IMPÉRIO

Durante toda a monarquia, a escravidão foi a principal forma de exploração do trabalho. Portanto, antes de mais nada, a sociedade era dividida entre livres e escravos. A escravidão estava presente em todas as atividades. Na agricultura, nos serviços domésticos, na pecuária. Nas grandes propriedades, mas também nas médias e pequenas. Não era incomum um pequeno agricultor possuir um ou dois escravos, enquanto nos latifúndios eles podiam chegar a centenas.

Nas cidades também os escravos eram a principal forma de mão de obra. Trabalhavam nos serviços domésticos e como prestadores de trabalhos manuais, como pedreiros, barbeiros, alfaiates, vendedores de vários tipos de mercadorias, como comida, carvão, panos. Todas as atividades desprezadas pela elite. Nas zonas urbanas, proprietários utilizavam seus escravos para venderem serviços e mercadorias pelas ruas, cujos ganhos eram entregues ao fim do dia ou da semana ao proprietário. Eram os chamados negros de ganho. Em geral, o proprietário estabelecia uma quantia fixa a lhe ser entregue pelo escravo, que ficava com o excedente.

Obra de Johann Moritz Rugendas de 1835.
Nesta cena, o pintor reúne elementos da diversidade da população brasileira: escravos negros, indígenas, senhores brancos.

Havia também um grande contingente populacional que a historiografia convencionou chamar de homens livres pobres. Eram as camadas da população livre que não integravam a elite econômica. Viviam em condições precárias, pois

30 HISTÓRIA DO BRASIL IMPÉRIO

necessitavam encontrar meios de sobrevivência nas brechas da escravidão. Na zona rural, uma parte conseguia ter uma pequena propriedade, onde plantava gêneros de subsistência. Alguns tinham pequenas vendas, outros trabalhavam como tropeiros, ou seja, condutores de tropas de mulas, principal forma de transporte terrestre. Mas a maioria vivia na situação de agregado das grandes fazendas. Recebiam do proprietário uma pequena porção de terra, para morar com sua família e plantar para prover suas necessidades e, em troca, prestavam serviços que não podiam ser confiados aos escravos, principalmente aqueles relacionados com o exercício da violência, em uma época em que se recorria a ela tanto para manter a escravidão como em disputas entre os próprios fazendeiros.

Nas zonas urbanas, os homens livres pobres exerciam em geral atividades manuais. Alfaiates, pedreiros, marceneiros, barbeiros, vendedores, concorriam com os escravos de ganho. Ocupavam também empregos públicos de baixa remuneração. Tanto no campo como nas cidades eram na sua maioria negros e pardos, porque ex-escravos ou descendentes de escravos.

O país contava, ainda, com grande número de indígenas. Não se sabe ao certo o tamanho dessa população. Muitas tribos que habitavam o território permaneceram desconhecidas ao longo do século XIX. Prevalecia, de qualquer forma, uma distinção entre os chamados "índios selvagens", ou seja, aqueles que viviam em tribos isoladas, e os índios assimilados, que haviam se incorporado à sociedade oficial. Durante a monarquia houve a preocupação em promover essa incorporação através da catequização. Mas a força e a violência foram utilizadas contra tribos consideradas bravias, por recusarem a integração. Não havia, naquele tempo, a perspectiva de uma política de preservação das tribos indígenas no seu modo de vida tradicional.

Diversas leis estipularam a tutela dessa população pelo Estado. Com elas, os índios abandonavam seu modo de vida tradicional, aceitavam religião, valores e regras do governo, mas não se tornavam cidadãos plenos. Não podiam, por exemplo, gerir seus próprios bens. Essa função foi exercida, durante a monarquia, por diferentes autoridades. A partir do regulamento das missões, de 1845, tornou-se atribuição do diretor-geral de índios. O regulamento previa o aldeamento dos indígenas em missões dirigidas por agentes do governo.

O número de homens livres e de escravos, de brancos, negros e mestiços, de homens e mulheres do país que nascia com a independência não era conhecido. O primeiro recenseamento feito no Brasil é de 1872. Ele indica a existência de cerca de 10 milhões de habitantes no país. Destes, cerca de 85% eram livres e 15%, escravos. Números que refletiam o fato de que o tráfico negreiro havia sido extinto em 1850. Certamente, a proporção de escravos era muito maior na primeira metade do século XIX, quando milhares de escravos aportavam anualmente nas costas brasileiras, trazidos da África. As projeções dos historiadores estimam que nesse período a população escrava fosse em torno de 40% dos habitantes do país.

Uma nova nação, um novo Estado

Com a proclamação da independência, as elites da antiga América portuguesa assumiram a direção da construção de um novo Estado, da organização de uma comunidade nacional, através de laços simbólicos e concretos que reunissem a população do novo país e, em certa medida, da reestruturação de uma economia que se tornava também ela nacional. Compreender esse processo contribui para o entendimento, em uma perspectiva histórica, das características da nação e do Estado brasileiros que foram sendo moldadas ao longo do tempo.

No interior desse processo, forjava-se a elite política que iria dirigir o país. A maioria de seus membros era oriunda da elite econômica. Senhores de engenho, cafeicultores, criadores de gado, produtores de charque, exportadores dos produtos extraídos da selva amazônica, fazen-

32 HISTÓRIA DO BRASIL IMPÉRIO

deiros que se dedicavam à produção e à exportação de tabaco, grandes comerciantes voltados para a exportação e outros para o mercado interno, traficantes de escravos são exemplos de homens da elite econômica que se envolveram na direção política do novo país. Dessa elite política fazia parte também jornalistas, advogados, magistrados, militares, padres, homens de letras. Sem desprezar os interesses econômicos concretos, diferenciaram-se da elite econômica na medida em que se comprometiam com a construção, consolidação e expansão do Estado nacional. Para viabilizá-lo, tinham que formular políticas nacionais como a montagem de um aparato tributário, que incidia principalmente sobre a elite econômica, organizar o aparelho repressivo responsável por manter a ordem interna, formular a política externa, definir o perfil institucional do novo regime, criar mecanismos para sua legitimação, determinar a política monetária, entre outros tantos temas próprios do funcionamento de um Estado. Atuavam na esfera política, cuja lógica e dinâmica eram determinadas por variáveis que não diziam respeito apenas aos interesses de cada grupo econômico. Nesse sentido, constituía-se uma elite política marcada pelo confronto entre projetos e visões distintas sobre como encaminhar as questões que envolviam a construção e atuação do Estado. Na condição de deputados, senadores, ministros, conselheiros de Estado assumiam posições ditadas ora por sua origem social, ora por concepções doutrinárias, ora por seus compromissos provinciais, ora por sua filiação partidária, conforme os temas em discussão.

Concretamente, como se materializavam essas mudanças? Em primeiro lugar é preciso considerar que havia diversos caminhos possíveis. A nova nação corresponderia a todo o território da América portuguesa ou este se fragmentaria em vários pequenos países? República ou monarquia: qual seria o regime adotado pelo novo ou novos Estados? Que elementos seriam mobilizados para criar a nova identidade nacional? Como atender às demandas da economia agrária? Manter ou não a escravidão?

As alternativas estiveram presentes no debate político desde o momento em que se fez a independência. Por outro lado, estavam limitadas pelas características do contexto da época e pelo repertório de modelos e ideias que prevaleciam no período.

A unidade ou fragmentação da América portuguesa estava condicionada a elementos que ditavam aquele processo. Havia um conjunto de territórios distintos, com tênues laços entre si, o que favoreceria a tendência à fragmentação. Ao mesmo tempo, contudo, existiam interesses comuns que fortaleciam o projeto de unidade. O mais poderoso deles era o empenho, tanto da elite política como da econômica, na manutenção da escravidão. Para consegui-lo, dois desafios teriam que ser enfrentados. De um lado, a Inglaterra, maior potência da época, adotara desde a primeira década do século XIX uma agressiva política de extinção do tráfico negreiro que, se fosse vitoriosa, colocaria em risco a continuidade da escravidão. De outro, era necessário um forte aparato repressivo capaz de manter a ordem interna, tanto para evitar revoltas escravas, como para impedir rebeliões de homens livres pobres. Desse ponto de vista, a unidade da América portuguesa sob a direção de um único Estado parecia atraente para elites que depositavam nele a expectativa de ter força suficiente para resistir às pressões inglesas e manter a ordem interna.

Ao mesmo tempo, as diferenças e as distâncias entre as províncias tornavam indesejável para suas elites locais que a nova nação fosse dirigida por um governo altamente centralizado no Rio de Janeiro. Assim, elas demandavam autonomia para administrar suas províncias de acordo com suas necessidades específicas.

No que dizia respeito ao Estado a ser construído, genericamente o modelo disponível era aquele que prevalecia no mundo ocidental. Tratava-se de organizar um aparato político-administrativo com jurisdição sobre um território definido, que exercia as competências de ditar as normas que deveriam regrar todos os aspectos da vida na sociedade, cobrar compulsoriamente tributos para financiá-lo e às suas políticas, exercer o poder punitivo para aqueles que não respeitassem as normas por ele ditadas.

Mas, além dessas características gerais, na década de 1820, o regime prevalecente no mundo ocidental era o representativo. A aliança estabelecida entre as elites luso-brasileiras e D. Pedro para proclamar a independência fez da monarquia constitucional o caminho que acabou sendo adotado. Também o fizeram por considerarem ser esse regime o mais seguro para conduzir uma transição dentro da ordem. Assim, D. Pedro foi aclamado imperador pouco depois da independência. As demais questões em aberto, por sua vez, foram direcionadas para uma Assembleia Constituinte, que se reuniu a partir de maio de 1823.

34 HISTÓRIA DO BRASIL IMPÉRIO

Havia consenso sobre a organização de um governo segundo os padrões liberais então vigentes. Antes mesmo da independência, com a Revolução do Porto, o modelo constitucional havia se imposto. No entanto, existiam divergências sobre qual seria o seu perfil, entre as alternativas conhecidas. Entre elas, o peso do Parlamento, instância fundamental nos regimes liberais, com autonomia e papel determinante no processo decisório. Dependendo da fórmula adotada poderia ter maior predominância do que o Executivo. E a relação entre ambos tornou-se um dos pontos centrais da discussão na Constituinte. Além disso, era preciso dimensionar o tipo de atuação a ser conferida ao imperador, de modo a preservar princípios caros ao liberalismo, como a separação entre os poderes e a competência legislativa dos representantes eleitos no Parlamento, sem ingerências abusivas do Executivo ou do imperador.

ASSEMBLEIA CONSTITUINTE

A reunião da Constituinte seguia o receituário liberal de organizar um governo representativo, cujo primeiro passo era, necessariamente, a reunião de representantes eleitos pela população para redigir uma constituição. Seria na Constituinte que se resolveriam os caminhos a serem seguidos. Praticamente todas as províncias mandaram representantes, o que indica que suas elites estavam dispostas a negociar a fundação de uma nação que correspondesse a todo território da antiga América lusitana. Mas essa disposição não era incondicional.

Na Constituinte, deputados de várias províncias defendiam uma monarquia que seguisse os padrões de uma federação, de modo que os governos provinciais gozassem de autonomia para deliberar sobre determinados temas e, ao mesmo tempo, participassem das decisões do governo central. Para tanto, seria necessário que o Legislativo, no qual estavam representados, tivesse papel decisório significativo, sobrepondo-se inclusive ao Executivo. Outros, contudo, advogavam que o novo Estado só seria viável se regido por regime com decisões centralizadas na capital, o Rio de Janeiro, e com preponderância do Executivo.

No que dizia respeito à escravidão, a imensa maioria defendia sua continuidade. Contudo, algumas vozes se levantaram contra sua manutenção, alegando que se tratava de um sistema arcaico, que colocava em risco a ordem interna, contradizia o espírito liberal do tempo e era um obstáculo ao desenvolvimento econômico. Entre essas vozes isoladas estava a de José Bonifácio, que apresentou um projeto de lei para acabar com o tráfico negreiro e gradualmente com a escravidão. Enquanto perdurasse a escravidão, o Estado deveria, ainda segundo esse projeto, mediar as relações entre escravos e proprietários, de modo a conferir aos primeiros alguns direitos. Era uma proposta ousada para a época, que não condizia com a disposição da elite política em preservar a ordem escravista. O projeto nem sequer entrou em discussão. A nova nação seria construída sobre os ombros do trabalho escravo.

A Constituinte foi também palco de discussões centrais sobre a nacionalidade e a cidadania. Quem seriam aqueles considerados brasileiros, portanto, integrantes da nova nação? O critério largamente utilizado em outros países era o de nascimento. Mas se adotado no Brasil, sob a égide da escravidão, esse critério tornava-se problemático. Filhos de escravos e, dessa forma, eles próprios escravos, nascidos no Brasil seriam também brasileiros? A definição da nacionalidade estava associada ao exercício da cidadania civil, ou seja, ser portador dos direitos considerados naturais, como liberdade e o direito à propriedade. No entanto, por definição, o escravo não é um sujeito portador de nenhum direito. Além do mais, como justificar a manutenção de brasileiros na condição de escravos? A discussão sobre quem era brasileiro trazia a dificuldade de estabelecer, em uma sociedade com uma grande população de escravos e de indígenas considerados "selvagens", quem gozaria dos direitos da cidadania civil. O impasse estava em combinar o modelo liberal com escravidão.

A definição dos critérios de nacionalidade, por sua vez, não era a atribuição automática de cidadania política, a possibilidade de participação em eleições. Para gozar de direitos políticos era preciso ter cidadania civil. Mas não o contrário. Havia critérios específicos para que os cidadãos pudessem ter direito de votar e de ser candidatos. Critérios relacionados a idade, sexo, renda, gozo de cidadania civil determinariam a inclusão e exclusão dos diversos setores. Exigências comuns das constituições de todos os países naquela época.

36   HISTÓRIA DO BRASIL IMPÉRIO

Uma comissão foi encarregada de elaborar um projeto de constituição a ser debatido em plenário. O projeto só foi apresentado em setembro de 1823, quando se iniciaram as discussões sobre cada um de seus artigos. Até então, os deputados haviam promulgado diversas leis para organizar o país independente, enquanto aguardavam o projeto de constituição. Entre elas, algumas que diziam respeito aos debates centrais, como a organização dos governos provinciais e a liberdade de imprensa, ou seja, liberdade de expressão. O projeto apresentado pela comissão tinha 272 artigos. Desde o início da discussão em plenário, alguns temas foram foco de polêmica entre os deputados.

AFINAL, QUEM SERIAM OS BRASILEIROS?

Um dos pontos polêmicos foi o capítulo que definia que a comunidade nacional era composta pelos brasileiros e indicava os critérios para que um indivíduo fosse considerado brasileiro. Nele se afirmava que eram membros da sociedade do Brasil os brasileiros, definidos como os homens livres nascidos no Brasil, escravos libertos, os portugueses residentes no Brasil antes da independência, os estrangeiros que obtivessem naturalização e os filhos de brasileiros nascidos em países estrangeiros.

O debate complicava-se no que dizia respeito ao problema da condição dos escravos e dos indígenas que viviam em tribos não assimiladas. Havia consenso sobre sua exclusão da nova sociedade nacional. Mas como compatibilizar essa exclusão com o critério de nascimento para definir os brasileiros e a adoção do princípio de que ser brasileiro era ser cidadão? O deputado paulista Nicolau de Campos Vergueiro propôs uma emenda pela qual se substituía a palavra "brasileiros" como membros da comunidade nacional pela palavra "cidadãos". A divergência entre os defensores do artigo original e os defensores da emenda de Vergueiro centrava-se justamente na definição da condição dos escravos e dos indígenas. Todos concordavam que estes não seriam portadores de direitos e estavam excluídos da sociedade civil, mas a emenda de Vergueiro refletia a posição daqueles que advogavam que o nascimento era o critério da nacionalidade, incluindo, portanto, os escravos e indígenas "selvagens". Conforme Vergueiro susten-

UMA NOVA NAÇÃO, UM NOVO ESTADO **37**

tou em plenário: "há escravos e indígenas que, sendo brasileiros, não são membros de nossa sociedade".

Eram brasileiros porque nascidos no Brasil, mas não eram membros da comunidade nacional porque não eram sujeitos portadores de direitos – estes seriam os cidadãos. Assim, podia-se aceitar o critério da nacionalidade para definir quem era brasileiro, na medida em que, na Constituição, a referência seria aos cidadãos, ou seja, comporiam a nação parte dos brasileiros que preenchessem determinados requisitos para serem portadores de cidadania, como liberdade. Nessa perspectiva, nacionalidade e cidadania não eram coincidentes.

De outro lado, havia os deputados que negavam serem brasileiros os escravos e indígenas "selvagens". Desse ponto de vista, nacionalidade não era definida apenas pelo nascimento, mas também pela condição de homem livre que integrava a sociedade considerada civilizada. Visto dessa forma, não havia necessidade de alterar o artigo do projeto original.

O interessante dessa discussão é que ela aponta que, na escrita da Constituição, era preciso solucionar o impasse gerado pela adoção de um modelo liberal em um país escravista. Era possível adotar os princípios liberais, uma vez que os direitos fossem associados ao exercício de cidadania e esta seria exclusiva dos homens livres assimilados. Por isso, no debate, a principal questão estava em definir se nacionalidade e cidadania eram indissociáveis ou não. Para os que defendiam o projeto original, eram brasileiros os nascidos no território que tinham direitos reconhecidos, ou seja, nacionalidade e cidadania eram coincidentes como alegou, por exemplo, o deputado baiano Montezuma:

> Quanto aos crioulos cativos [...] temos que confessar que não entram na classe dos cidadãos. No exercício dos direitos na sociedade, são considerados coisas ou propriedade de alguém; como tais as leis os tratam e sendo assim, como chamá-los de cidadãos brasileiros? Os escravos não passam de habitantes do Brasil.

"Crioulo" era o termo usualmente utilizado na época para escravos nascidos na América. Montezuma considerava que ser habitante do território da nova nação não era igual a ser brasileiro. Este seria o indivíduo que gozava do direito de cidadania.

38   HISTÓRIA DO BRASIL IMPÉRIO

De outro lado, os deputados que entendiam que a nacionalidade deveria se estender a todos eram justamente aqueles que defendiam uma definição mais restrita na Constituição sobre quem pertencia à comunidade nacional: os cidadãos brasileiros e não os brasileiros em geral. Tratava-se de encontrar a melhor fórmula constitucional para compatibilizar a existência de escravos e índios não assimilados com os princípios liberais.

Prevaleceu o caminho que definia como membros da comunidade nacional os cidadãos. Desse modo, uma vez cessada a condição que impedia o exercício da cidadania, o indivíduo tornar-se-ia parte da sociedade legalmente reconhecida e sujeito às suas normas. Ou seja, escravos que ganhassem liberdade e indígenas que abandonassem seu tradicional modo de vida e aceitassem os padrões e as normas da sociedade dirigida pelos brancos.

Em novembro, quando os deputados discutiam o artigo 24 do projeto de constituição, o governo de D. Pedro fechou a Constituinte. Fez isso porque os debates dos artigos do projeto de constituição alarmavam seu grupo, que temia que, ao final, fosse aprovado um texto que enfraquecesse o papel do Executivo.

UMA CARTA OUTORGADA

O fechamento da Constituinte, contudo, não foi um ato no sentido de impedir a organização de uma monarquia constitucional, seguindo os preceitos liberais. D. Pedro I não tinha ambições absolutistas, pois compreendia que esse era um caminho sem volta. Não teria condições de governar sozinho, sem sustentação de pelo menos parte da elite nacional. Essa base de sustentação só existiria se ele se mantivesse fiel ao regime liberal. Em março de 1824, o imperador outorgou uma Constituição. A origem da nova Carta, primeira da história brasileira, contrariava os princípios liberais por ter sido outorgada pelo imperador e não elaborada e aprovada por uma assembleia de representantes eleitos. Mas apesar desse vício de origem, seu conteúdo estava em harmonia com os preceitos liberais.

Na sua maior parte, a Constituição outorgada era igual ao projeto apresentado na Constituinte. O Brasil seria regido por uma monarquia constitucional; os direitos individuais eram reconhecidos; as leis deveriam ser elaboradas por uma assembleia de representantes eleitos. Essa assembleia seria bicameral: uma Câmara dos Deputados e um Senado. Os deputados seriam eleitos para um mandato de quatro anos, os senadores seriam nomeados pelo imperador, mas a escolha deveria recair entre os três nomes mais votados em eleições para esse fim. Seu mandato era vitalício. Essa configuração do Senado era condizente com a concepção de Câmara alta nas monarquias constitucionais europeias.

Uma Câmara alta que não era escolhida diretamente pelo voto da população, no caso das monarquias com cargo vitalício e das repúblicas com mandatos mais longos do que os dos deputados, tinha um fundamento importante para os liberais oitocentistas. Consideravam que uma Câmara assim composta seria uma forma de contrabalançar a outra, a Câmara dos Deputados que, por ser escolhida periodicamente por eleições, poderia se deixar arrastar pelas "paixões populares". Como seus membros eram vitalícios, não sofriam a pressão dos *eleitores*, a rotatividade entre seus componentes era baixa, podendo, desse modo, defender o que se esperava fossem posições mais ponderadas, ditadas pelo compromisso com o bem público, pela experiência e pela independência. Na prática, explicitavam a preocupação, no alvorecer dos governos representativos, de impor restrições à participação da população no processo decisório e garantir uma instância de caráter mais conservador do que a chamada "casa do povo", ou seja, a Câmara baixa, renovada periodicamente por eleições. Essa preocupação estava inscrita nos textos e práticas de liberais europeus e norte-americanos do final do século XVIII e início do século XIX.

Na polêmica questão sobre quem compunha a comunidade nacional, a Carta de 1824 optou pela estratégia contida na emenda antes apresentada por Vergueiro, ou seja, definia como seus membros os cidadãos brasileiros e não os brasileiros genericamente. No espinhoso tema da cidadania dos libertos, definia que apenas aqueles nascidos no Brasil, uma vez libertados, teriam sua cidadania reconhecida.

Em relação aos direitos políticos, a Carta acompanhou o projeto em dois pontos decisivos. Em primeiro lugar, trazia em seu bojo a diferenciação entre cidadania civil e cidadania política. Todos homens e mulheres livres, nascidos no Brasil (com exceção dos indígenas), gozavam de cidadania civil, ou seja, o Estado reconhecia que eram indivíduos

40 HISTÓRIA DO BRASIL IMPÉRIO

portadores de determinados direitos aos quais cabia ao Estado respeitar e proteger. Mas o direito de votar e de se candidatar, a cidadania política, só era concedida a quem preenchesse determinados requisitos. Também nesse item a Carta seguia o projeto de 1823 ao estabelecer critérios como ser homem e livre, ter mais de 25 anos e possuir certa renda. Manteve ainda, como previa o projeto de 1823, que as eleições fossem realizadas em duas fases (não dois turnos). Havia os *votantes*, cidadãos que escolhiam os *eleitores*. Uma vez escolhidos estes, eram os *eleitores* que votavam nos deputados e senadores. Para as Câmaras Municipais, os *votantes* votavam diretamente nos vereadores.

Os escravos nascidos no Brasil que se tornassem livres e preenchessem os requisitos constitucionais poderiam ser *votantes*, mas lhes estava vedado ser *eleitor* ou candidato a deputado ou senador. Seus filhos nascidos livres, contudo, uma vez que preenchessem as exigências da Constituição, poderiam participar das eleições como *eleitores* e candidatos.

Também não podiam ser *eleitores* ou candidatos aqueles que não professassem a religião católica, uma vez que a Constituição estabeleceu o padroado, que consistia na inclusão da Igreja Católica na malha institucional do Estado. Não foi, portanto, adotado um Estado laico. Ao contrário.

A Constituição de 1824 manteve a exigência de renda. Para ser *votante* era preciso ter renda líquida anual de 100 mil réis, para ser *eleitor* 200 mil réis, para deputado 400 mil réis e para senador 800 mil réis. Também nesse ponto, a Constituição seguia os padrões dos governos liberais do século XIX. Exigir renda ou propriedade era considerado um critério legítimo para garantir o que se considerava ser um eleitorado capaz de tomar as melhores decisões. Além disso, a exigência de renda para ser *votante* e *eleitor* era baixa se forem considerados os valores pagos para trabalhadores nas mais variadas atividades. Calcula-se que cerca de 10% da população brasileira tinha direito de voto. Considerado apenas o conjunto dos homens livres, esse número sobe para 50%. Um índice de participação relativamente alto para os padrões da época, superando o dos países europeus.

Outra novidade introduzida pela Carta de 1824 foi a divisão em quatro poderes, ao invés dos três previstos no projeto de 1823. Além do Legislativo, do Judiciário e do Executivo, foi criado também o Poder Moderador. O quarto poder seria exercido pelo imperador e suas principais atribuições

UMA NOVA NAÇÃO, UM NOVO ESTADO **41**

eram nomear os senadores, a partir da lista tríplice obtida via eleições, nomear e demitir o Ministério, dissolver a Câmara dos Deputados. Neste último caso, era necessário convocar novas eleições para deputados. O imperador era também o chefe do Executivo, mas este seria exercido pelos ministros. Dessa forma, seria garantida a separação entre os poderes. Como se verá no capítulo "Conflitos e negociação", o Poder Moderador não comprometia a ação de um parlamento autônomo e o funcionamento do regime liberal. Foi ainda criado o Conselho de Estado. Seus membros eram nomeados pelo imperador e o cargo era vitalício. O Conselho deveria ser convocado toda vez que o imperador fosse exercer uma atribuição do Poder Moderador. Aos conselheiros cabia manifestarem sua opinião sobre os atos do Moderador como, por exemplo, a possibilidade de dissolver a Câmara dos Deputados. O imperador não era obrigado a seguir a posição dos conselheiros. Cabia a ele a decisão final. O Conselho tinha caráter apenas consultivo.

A Carta de 1824 determinava, ainda, que as províncias fossem governadas por um presidente nomeado pelo governo central e por um conselho de deputados eleitos na província, mas cujas deliberações, para se tornarem leis, teriam que ser submetidas à aprovação da Assembleia Geral.

A CONFEDERAÇÃO DO EQUADOR

Parte da elite de Pernambuco, senhores de engenho, comerciantes ligados à exportação, traficantes de escravos, magistrados e padres, com apoio de camadas de homens livres pobres, mobilizou-se em uma revolta armada em 1824. A rebelião foi liderada por Frei Caneca, entre outros, em oposição a uma constituição que consideravam ilegítima na origem, por ter sido outorgada, e inaceitável no conteúdo. Questionavam a criação do Poder Moderador, por entenderem que fortalecia o imperador de modo a permitir que ele impusesse sua vontade pessoal. Opunham-se também, de forma veemente, à falta de autonomia dos governos provinciais, que contrariava o projeto federalista dos pernambucanos.

Por essas razões, pegaram em armas para se separar do império e criar o próprio país, que incluiria não apenas Pernambuco, mas também as províncias da região, como Ceará, Paraíba e Rio Grande do Norte. Adotariam a república como forma de governo e as províncias estariam ligadas

42 HISTÓRIA DO BRASIL IMPÉRIO

pelos laços de uma confederação. O que significava alto grau de autonomia em relação ao governo central. O novo país chamar-se-ia Confederação do Equador, sendo este o nome pelo qual ficou conhecida a revolta.

Os rebeldes de 1824 não eram desde sempre separatistas. Apoiaram a Constituinte e aceitavam a unidade da América sob o governo do Rio de Janeiro. Não eram sequer irredutivelmente republicanos. Concordavam com a opção monárquica, desde que adotada a federação. Derrotados com o fechamento da Assembleia e a outorga da Carta, optaram pela separação e a república.

O governo do Rio de Janeiro reagiu mobilizando suas tropas para combater os rebeldes e impedir a separação. Foi bem-sucedido e a rebelião foi derrotada. Frei Caneca foi preso, condenado à morte e executado em praça pública. Dessa forma, pela força, o governo derrotou o separatismo daqueles que não aceitavam a unidade da América portuguesa dirigida por um regime centralizado na capital e as províncias rebeldes foram definitivamente incorporadas ao império.

Depois da Confederação do Equador, a oposição a D. Pedro I não foi silenciada, mas exercida no interior das instituições criadas pela Carta de 1824. Seguindo suas normas, foram realizadas eleições para a Câmara dos Deputados e para o Senado. A primeira sessão da Assembleia Geral teve início em 1826. A partir de então, funcionou durante toda a monarquia, exercendo as atribuições previstas na Carta outorgada.

O PARLAMENTO SE REÚNE

A partir de 1826, quando a Assembleia Geral se reuniu, era longa a lista de temas que deveriam ser normatizados pelos parlamentares. Embora algumas questões já estivessem assentadas, como a permanência da escravidão e as matérias previstas pela Constituição, muito ainda havia por ser decidido.

Nos primeiros anos, as atenções dos parlamentares voltaram-se para a necessidade de elaborar os códigos normativos, criminal e comercial, por exemplo, regulamentar as regras constitucionais cuja vigência dependia de lei ordinária e demais leis consideradas fundamentais para impor as normas de conduta dos habitantes do novo país. Empenharam-se em criar os mecanismos institucionais de funcionamento do regime.

Preocupados em organizar normativamente a monarquia, a tônica da ação de deputados e senadores foi a de construir um papel decisivo para o Parlamento e aproveitar brechas na Constituição para matizar a centralização nela prevista. Em 1827 foram promulgadas duas leis nesse sentido. A primeira delas dizia respeito a um dos pilares do funcionamento de um governo representativo, qual seja, estabelecer a responsabilidade dos ministros no exercício do cargo. A aprovação dessa lei na primeira legislatura indicava a preocupação dos parlamentares em criar mecanismos de acordo com as concepções então vigentes sobre o funcionamento de um regime liberal. Os ministros responderiam, quando houvesse denúncia, perante o Legislativo. Nenhum ministro foi condenado por crime de responsabilidade durante a monarquia. Mas a existência da lei, ao estabelecer essa possibilidade, colocava algum freio na sua atuação. Ao mesmo tempo, os parlamentares buscavam garantir protagonismo para o Legislativo, ao limitar o raio de ação dos ministros. Como resultado do debate sobre a responsabilização dos ministros, estabeleceu-se prática que durou toda a monarquia: os membros do gabinete tinham que prestar contas dos seus atos no plenário da Câmara, onde era comum sofrerem ácidas críticas e cobranças.

Também em 1827 foi aprovada lei que criava o Juizado de paz. Eram juízes eleitos localmente, sendo que não se exigia do ocupante do cargo nenhuma formação técnica. Qualquer cidadão poderia ser eleito. Os juízes de paz tinham funções policiais e eram encarregados do recrutamento militar. Podiam ordenar diligências, comandar mandatos de busca e apreensão nas residências e determinar prisões. Eram atribuições que lhes conferiam poder e por isso era um cargo disputado, muitas vezes ocupado pelos fazendeiros mais poderosos da região ou por seus prepostos. Dessa forma, no âmbito do Judiciário, era nuançada a centralização política na medida em que se criava uma rede de juízes escolhidos nas localidades e não nomeados pelo governo central, como o eram os juízes de direito. Enquadrava-se no modelo liberal de organização política, em oposição ao Antigo Regime. Não era ainda suficiente para atender às demandas das elites locais, mas era um passo nesse sentido.

Em 1830 foi promulgado o Código Criminal que também trazia inovações, pois se enquadrava nos parâmetros dos novos regimes liberais, substituindo as normas anteriores próprias do Antigo Regime. Um Código liberal que tinha como objetivo a preservação da ordem escravista. Já em 1826 haviam sido apresentados projetos de um Código Criminal e a discussão estendeu-se por anos. Os parlamentares consideravam sua aprovação de grande importância, uma vez que era preciso adequar a legislação penal à Constituição de cunho liberal, ao mesmo tempo criando instrumentos para coibir movimentos e ações individuais que colocassem em risco a manutenção da ordem, tal como desejada pela elite dirigente. Nesse sentido, previa penas severas para os chamados crimes públicos nele tipificados como conspiração, rebelião, sedição, insurreição e desobediência às autoridades. Definia também os crimes individuais e suas penas, como homicídio e roubo.

Um ponto fundamental era que, ao contrário de outros diplomas legais, a começar pela Constituição, que não se referiam diretamente aos escravos, por não serem considerados pessoas no sentido jurídico e político, o Código Criminal explicitava que escravos seriam responsabilizados pelos crimes que cometessem. Ao infringir a lei criminal, o escravo tornava-se, aos olhos do Estado, pessoa. Se cometesse um homicídio, responderia perante a lei. No capítulo do Código sobre o crime de insurreição, um artigo era dedicado exclusivamente aos escravos:

> [...] julgar-se-á cometido este crime, reunindo-se vinte ou mais escravos para haverem a liberdade por meio da força. Penas – aos cabeças [líderes] – de morte no grau máximo; de galés perpétuas no médio; e por quinze anos no mínimo; aos mais – açoite.

No crime de insurreição eram incluídos movimentos de escravos que tivessem por objetivo obter a liberdade, sendo possível a aplicação da pena de morte aos seus líderes. Luta pela liberdade, ato criminoso, pena de morte. Apenas pessoas e não coisas poderiam estar associadas a esses elementos. Era explicitada dessa forma a contradição de uma sociedade que pretendia reduzir indivíduos a objetos de propriedade de outrem sem vontade própria, mas cuja ação, que expressava sua condição humana, precisava ser coibida na forma da lei, para a manutenção da ordem. Os frequentes movimentos de escravos e homens livres pobres que eclodiam contra a ordem vigente justificavam a preocupação em normatizá-los como crime, com severas penas. O regime liberal que estava sendo edificado precisava ser capaz de manter a rígida hierarquia social.

Em 1828 foi aprovada ainda uma lei que regulamentava o funcionamento das Câmaras Municipais. Os vereadores eram eleitos pelos *votantes* e deveriam se ocupar de questões específicas do município, como manutenção das ruas e regulamentar mercados e feiras. Suas decisões ficavam atreladas à aprovação pelo conselho da província. Ao mesmo tempo que criaram o juiz de paz de modo a fortalecer as localidades, os parlamentares limitaram a esfera de atuação das Câmaras Municipais. Consideradas instâncias controladas pelos fazendeiros, preocupavam-se em impor a elas disciplina política e administrativa segundo os ritos do regime liberal. Nesse mesmo ano, os parlamentares também aprovaram uma lei regulamentando o funcionamento dos conselhos de província previstos na Constituição. Não gozavam de autonomia em função dos limites impostos pela Carta, mas para deputados e senadores pelo menos se garantia algum governo para as províncias. Espaço que seria utilizado para encontrar brechas que permitissem um certo grau de atuação das elites provinciais.

Os governos municipal e provincial, tal qual estabelecidos em 1828, eram limitados pela Constituição de 1824 e, por esse motivo, ficaram bem aquém do que desejava a maioria dos parlamentares. Mas conseguiram aproveitar algumas brechas para atender a suas demandas de maior protagonismo e autonomia. Transformações mais profundas só seriam possíveis com uma reforma constitucional e com a imposição de derrotas ao imperador e seus aliados.

OPOSIÇÃO AO IMPERADOR

Várias questões colocaram a maioria dos deputados em oposição a D. Pedro I desde que o Parlamento se reuniu em 1826. Embora tenham aceitado participar da construção do Estado e da organização do novo regime sob a égide da Constituição outorgada, o fechamento da Constituinte resultou em um distanciamento do imperador e evidenciou que havia divergências profundas sobre o modelo a ser adotado. A questão central era o que muitos consideravam excessiva centralização do regime. A estratégia de aceitar o jogo político de acordo com a Constituição outorgada significava usar o espaço do Parlamento para legislar de modo a atenuar essa centralização, na promulgação de leis sobre matérias não consagradas na Carta. Significava também disputar influência política através do Ministério.

A disputa política acirrou-se ao longo dos anos por discordâncias com os sucessivos Ministérios e pelos poucos avanços possíveis em relação à centralização. Além disso, outros temas foram foco de tensão entre parlamentares e imperador.

Um deles era a continuidade ou não do tráfico negreiro. Em 1826, em troca do reconhecimento da independência pela Inglaterra, D. Pedro assinou um tratado com o governo britânico que previa o fim do tráfico negreiro. No Parlamento, a reação à assinatura do tratado foi estridente. Deputados revezavam-se em discursos com duras críticas ao governo brasileiro por ter assinado o acordo com a Inglaterra. Interessante foi que as críticas não eram apenas em razão dos prejuízos à economia nacional com o fim do abastecimento de escravos. Esse ponto foi reiteradamente salientado pelos deputados, que afirmavam que a economia brasileira pereceria sem a contínua entrada de escravos trazidos da África. Mas também outros aspectos foram motivo de ácida crítica pelos parlamentares e diziam respeito à disputa que travavam na definição do arranjo institucional do novo Estado que estava sendo construído.

Em primeiro lugar, questionavam o tratado por não ter sido o Parlamento consultado antes da sua assinatura. Seu argumento era de que o tratado legislava sobre o tráfico e essa era uma prerrogativa do Parlamento. Dessa forma, afirmavam a necessidade de um Legislativo com maior peso decisório. Em segundo lugar, acusavam o governo de ter sacrificado a soberania nacional, no momento em que ela estava sendo construída. O fato de que o tratado permitia que os ingleses capturassem navios brasileiros e que cidadãos brasileiros seriam julgados por juízes ingleses foi considerado um grave atentado à soberania do Brasil. O deputado Cunha Matos sintetizou o sentimento prevalecente entre a maioria dos seus pares:

> A convenção celebrada entre o governo do Brasil e o britânico para a final abolição do comércio da escravatura [...] é derrogatória da honra, interesse, dignidade, independência e soberania da nação brasileira.

Apesar da forte reação, o tratado foi mantido. Mas foi um elemento a tencionar ainda mais a relação entre Parlamento e imperador.

Outra questão que gerou desgaste ao governo de D. Pedro I foi a guerra entre Brasil e Buenos Aires, entre 1825 e 1828. A razão do conflito foi a disputa pelo território que hoje corresponde ao Uruguai. Anexado ao império português em 1821, depois de invasão militar, tornou-se a província Cisplatina. Buenos Aires tinha pretensões de integrar a região ao Estado que estava sendo construído após a independência. Em 1825, teve início a guerra entre o governo brasileiro, que lutava para manter a Cisplatina, e o de Buenos Aires. A guerra prolongou-se até 1828, quando Buenos Aires e Rio de Janeiro concordaram em negociar a paz, com mediação da Inglaterra. Acabaram por aceitar a proposta britânica: a Cisplatina não pertenceria nem a Buenos Aires nem ao Brasil. Tornava-se um país independente com o nome de Uruguai.

No Brasil, o acordo foi visto como uma derrota. Afinal, o império havia perdido uma de suas províncias. Depois de anos de disputa que custara ao país vidas, gastos vultosos, aumento do custo de vida, enfim, o ônus por enfrentar uma guerra de quatro anos, para, no final, perder a província. Essa derrota acabou por desgastar ainda mais o imperador.

Apesar das tensões, a primeira legislatura da Câmara dos Deputados encerrou-se em 1829, conforme previa a Constituição que conferia um mandato de quatro anos para os deputados. Eleições foram realizadas e nova legislatura teve início em 1830. A maioria dos deputados eleitos era de oposição. Foram eleitos deputados que integraram a Constituinte dissolvida, como José de Alencar e Martim Francisco Ribeiro de Andrade (irmão de José Bonifácio), e novos nomes na política nacional, como Antônio Pereira Rebouças, que se tornaria um político de destaque, assim como vozes que antes se exprimiam por outros meios – a imprensa –, por exemplo, Evaristo da Veiga.

Com a nova Câmara, a oposição a D. Pedro se acirrou, alimentada pelos ressentimentos em relação à centralização do processo decisório no Rio de Janeiro, conforme previsto pela Carta outorgada, pela perda da Cisplatina, pelo tratado que previa o fim do tráfico e que entrou em vigência em 1830. O descontentamento estava também estampado nas páginas dos periódicos e em manifestações de rua. Grupos distintos uniam-se na oposição. Os dois mais importantes ficaram conhecidos como liberais exaltados e liberais moderados. Nomes que indicam as semelhanças e diferenças entre ambos. Compartilhavam o ideário liberal. Os exaltados, identificados a partir de alguns jornais, preconizavam reformas abrangentes. Defendiam a igualdade social, melhor distribuição de renda, cidadania plena, incluindo mulheres, negros e pardos livres, os preceitos democráticos de Rousseau e a república. Os moderados mantinham-se fieis à monarquia. Sua oposição era ao imperador, não ao regime. Advogavam, contudo, reformas institucionais, como uma reorganização com diretriz federalista, maior protagonismo para o Legislativo e fortalecimento das autoridades eletivas no Judiciário.

Havia também diferenças de origem social. Enquanto parte da elite conduzia sua oposição no Parlamento, nas ruas, tropas e segmentos populares expressavam sua insatisfação e a direcionaram aos estrangeiros, especialmente portugueses, que se consideravam detentores de privilégios em detrimento dos brasileiros. O repúdio aos lusitanos em 1830, contudo, tinha conteúdo diverso dos tempos da independência. Passou a ser uma constante em manifestações de homens livres pobres que atribuíam aos portugueses a responsabilidade pelas condições em que viviam. E o imperador, português de nascimento, foi identificado com esses estrangeiros.

Isolado, sem contar com apoio da maioria da elite política, em abril de 1831, D. Pedro I abdicou e retornou a Portugal. Tinha fim o Primeiro Reinado. Seu filho mais velho, sucessor do trono, tornava-se imperador. No entanto, contava apenas com 5 anos de idade e a Carta outorgada estabelecia a idade mínima de 18 anos para o imperador assumir o trono. Na situação criada com a abdicação de D. Pedro I, a solução constitucional era a nomeação de regentes para governar em nome do sucessor, até que ele completasse 18 anos de idade.

Os tumultuados anos da Regência

A abdicação de D. Pedro I permitiu que parte daqueles que lhe faziam oposição assumissem a direção do regime. Conhecidos como liberais moderados, tinham a maioria na Câmara, afastando do processo decisório os chamados liberais exaltados. Defendiam reformas, mas restritas a determinados temas. Com a vacância do trono, uma vez que o herdeiro tinha apenas 5 anos, não cogitavam em acabar com a monarquia. Para a maioria da elite política, manter a monarquia parecia ser a alternativa mais segura para preservar a ordem escravista. Além disso, embora fossem críticos do vício de origem da Carta outorgada, ou seja, por não ter sido elaborada por uma Constituinte formada por representantes eleitos, não propunham sua revogação. Por que não convocar uma nova Constituinte e elaborar uma nova Constituição? Porque, para os

50 HISTÓRIA DO BRASIL IMPÉRIO

moderados, a Carta de 1824 tinha um conteúdo em acordo com os preceitos liberais e porque desejavam evitar abrir brechas para radicalizações ou mobilizações sociais.

A elite brasileira comprometia-se com uma transformação dentro da ordem, nesse caso, reformas feitas pela elite, para atender a algumas demandas específicas. Desde logo seguiram os preceitos constitucionais para quando houvesse vacância do trono. Conforme previa a Carta, uma regência trina foi escolhida para governar o país, enquanto o herdeiro do trono, D. Pedro II, não atingia a idade exigida constitucionalmente. A Assembleia Geral deveria escolher três cidadãos para serem regentes em nome do imperador. Como o Parlamento não estava reunido quando da abdicação, foi escolhida uma regência provisória. Depois que a sessão da Assembleia foi aberta, em junho de 1831, a regência permanente foi por ela indicada, composta por José da Costa Carvalho, que fizera carreira política em São Paulo, João Bráulio Muniz, do Maranhão, e o brigadeiro Francisco de Lima e Silva.

REFORMAS LIBERAIS

Os liberais moderados, com maioria no Parlamento, iniciaram já em 1831 a discussão sobre as reformas que seriam encaminhadas. O eixo que as norteava era reorganizar o regime de forma a conferir maior autonomia para as províncias e as localidades. Uma primeira medida significativa foi adotada com a aprovação pelos parlamentares de projeto apresentado pelo ministro da Justiça da Regência, o padre paulista Diogo Antônio Feijó. Consistia na criação da Guarda Nacional.

Sua importância estava no fato de que se tornaria a principal força coercitiva do império, sobrepujando o Exército, deslocado para um segundo plano. Ao contrário deste, a Guarda, obedecendo à orientação das reformas que estavam sendo discutidas, era organizada por província, onde se submetia ao juiz de paz e ao governo provincial. Inspirada em sua congênere francesa, seu princípio básico era o de que todos os cidadãos deveriam pegar em armas para defender seu país. Seus oficiais, com o título de coronéis, eram escolhidos por eleição. Embora estivesse atrelada ao Ministério, sua organização por província, o alistamento por uma autoridade local, o juiz de paz, a baixa hierarquização (os coronéis eleitos eram os únicos oficiais) e por ser composta por cidadãos que não eram militares de carreira, a Guarda Nacional tinha um alto grau de descentralização, contrário à hierarquia vertical, centralizada e nacional do Exército.

O ATO ADICIONAL

A autonomia dos governos provinciais, por reforma constitucional, indicou também a disposição dos novos dirigentes em respeitar a Carta outorgada. Conforme ela estabelecia, foi aprovada na Câmara e no Senado, em 1831, uma lei que determinava quais artigos constitucionais seriam reformados e conferiu-se aos deputados eleitos para a legislatura seguinte poder constituinte, de forma que estivessem autorizados a reformar a Constituição.

O projeto foi debatido e aprovado na Câmara dos Deputados. No seu primeiro artigo declarava que "o governo do império do Brasil será uma monarquia federativa". Em seguida, estabelecia reformas profundas na organização política: a extinção do Poder Moderador e do Conselho de Estado; a criação de assembleias legislativas provinciais com autonomia para decidir sobre diversos e relevantes objetos (como impostos e obras públicas); o fim da vitaliciedade do mandato dos senadores, que passariam a ser eleitos pelas assembleias provinciais (modelo semelhante ao adotado pelos EUA naquela época); a limitação drástica ao poder de veto do Executivo (uma vez que o veto poderia ser derrubado no Parlamento por maioria simples); a substituição da regência trina pela una, sendo que o regente deveria ser eleito pelas assembleias provinciais. Radicalizava-se a opção federalista, de tal sorte que o próprio ocupante do Executivo seria escolhido pelas províncias.

Entre os principais líderes na defesa do projeto estava Nicolau Vergueiro. Em 1832, defendia a autonomia provincial como condição mesma da unidade, em vez de ameaçá-la:

> O único meio de conservarmos unidas todas as nossas províncias consiste em habilitá-las para poderem curar de suas necessidades e promover a sua prosperidade por meio da influência dos seus próprios governos.

52 HISTÓRIA DO BRASIL IMPÉRIO

No Senado, contudo, o projeto da Câmara não teve uma acolhida entusiasta. Os senadores não aceitaram o fim da vitaliciedade do mandato, além de se recusarem a aprovar o fim do Poder Moderador e do Conselho de Estado. Foram também contrários ao artigo 1º, que previa ser o Brasil uma monarquia federativa. Em sessão conjunta, deputados e senadores votaram o fim do Conselho de Estado e a mudança na forma de eleger o regente, que obedeceria às mesmas regras para eleição de deputados. A vitaliciedade dos senadores, por seu turno, foi mantida, assim como o Poder Moderador.

Em obediência tanto aos trâmites estabelecidos pela Constituição quanto à lei de 1832, a Câmara de Deputados aprovou, em 1834, a emenda constitucional que na época tinha o nome de Ato Adicional. Nela, a expressão "monarquia federativa" ficou de fora, mas o conteúdo que ela procurava retratar não fora sido alterado substancialmente.

A autonomia provincial era consagrada. A partir de então, o governo provincial seria composto por duas instâncias: as Assembleias Legislativas e a Presidência da província. A composição das assembleias era proporcional à população. Os deputados provinciais deviam ser eleitos pelo mesmo procedimento adotado para a escolha dos deputados da Assembleia Geral.

É possível identificar no Ato Adicional a primeira medida na história do país a estabelecer um arranjo federativo por duas razões. Primeiro porque dividia constitucionalmente as competências do Estado entre duas instâncias: o governo central e os governos provinciais. A competência tributária, por exemplo, foi assim dividida uma vez que as assembleias provinciais podiam criar impostos sobre determinados objetos e decidir sobre como investir o valor arrecadado, sem interferência do governo central. Este último também podia criar impostos e decidir sobre a forma de gastar a arrecadação. Dividia-se, dessa forma, entre províncias e governo geral a competência para tributar, ao definir quais eram os tributos que poderiam ser exclusivamente cobrados pelo governo provincial e quais seriam cobrados pelo governo central. Outra competência dividida entre ambos foi o controle da força coercitiva. Enquanto o Exército e a Marinha ficavam sob o comando do governo central, as assembleias provinciais tinham a atribuição de criar uma força policial por elas controlada. A Guarda Nacional ficava como uma espécie de meio-termo.

As obras públicas no interior da província eram de competência provincial, enquanto o governo central ficava encarregado de obras que envolvessem duas ou mais províncias. Os empregos públicos provinciais e municipais seriam criados e controlados pelo governo da província, enquanto o governo geral era responsável pelos empregados gerais.

Essa divisão de competência conferia às províncias autonomia decisória sobre importantes temas referentes às suas demandas específicas, como, por exemplo, cobrar tributos para construir estradas para escoar sua produção. Além da autonomia, outro fator que caracterizava o arranjo federativo era que as elites provinciais podiam participar do processo decisório no governo geral através dos deputados eleitos na província.

A unidade da América portuguesa em um só país foi possível uma vez que, ao conferir autonomia às elites provinciais, o arranjo federativo as incluiu na dinâmica do Estado que estava sendo construído. Desse modo, as instituições funcionavam como canais reconhecidos para que os diversos setores da elite negociassem e se confrontassem na defesa de seus interesses. A partir de então, até os dias de hoje, o regime federativo prevaleceu no Brasil. Ao longo da história do país, mudou a forma de dividir as competências, de modo que em algumas épocas os governos regionais tiveram maior autonomia e menor em outras, ampliando-se o peso do governo central. De qualquer forma, as elites regionais se tornaram atores importantes da dinâmica da política nacional. No caso do período monárquico, o grau de autonomia era significativo.

Havia, contudo, uma limitação no arranjo federativo do império. Os presidentes das províncias continuaram sendo nomeados pelo governo central. Para os próprios defensores da reforma constitucional, a uniformidade do império dependia da existência de delegados do governo central em cada província. As reformas liberais impuseram um modelo que previa a autonomia das províncias, mas com o cuidado de não colocar em risco a integridade territorial e nacional. Vale lembrar que o modelo federalista tem duas faces: autonomia das partes, mas também capacidade do centro de articulá-las em um todo único e coeso. Muitas das tarefas desses presidentes concentravam-se justamente neste último ponto. O presidente era a via de comunicação do Rio de Janeiro com as províncias em diversas frentes: para resolução de questões administrativas, para a manutenção da

54 HISTÓRIA DO BRASIL IMPÉRIO

ordem interna, para a implementação de medidas de caráter econômico, de modo a permitir a integração entre as províncias.

Os limites das atribuições do presidente, que não podia legislar, mas apenas vetar leis aprovadas pela Assembleia, sendo o veto suspensivo, garantia o exercício da autonomia. Até porque, sua atuação dependia de alianças com as forças locais.

A criação de um Legislativo provincial, com autonomia decisória, vinculava as elites provinciais ao Estado que estava sendo construído. Ao participar da instância de decisão regional, incorporavam-se à elite política, comprometida com a expansão e consolidação desse Estado. Tinham que seguir os ritos institucionais e legais, precisavam criar mecanismos de cobrança de impostos para financiar o governo provincial, manter a ordem através da força policial e arbitrar as demandas que seriam atendidas. Integravam a elite dirigente, ao mesmo tempo que eram agentes dos interesses de setores das elites provinciais. A autonomia dos governos provinciais viabilizava a integridade nacional, mas também conferia novo perfil à dinâmica do regime. Os cidadãos tinham seu cotidiano normatizado e decidido em diferentes esferas, que operavam segundo lógicas próprias.

Após a promulgação do Ato Adicional, em 1835, foram convocadas eleições para a escolha do regente. O vitorioso foi o padre paulista Diogo Antônio Feijó, um dos líderes dos liberais moderados.

O JUDICIÁRIO

Outro objeto de reforma dos liberais foi a organização do Judiciário. Nesse momento, ela se deu pela promulgação, em 1832, do Código de Processo Criminal. Antes da abdicação de D. Pedro, o Parlamento havia aprovado uma lei que regulamentava o Supremo Tribunal, que na época tinha atribuições restritas, como conhecer processos de responsabilidade contra desembargadores e presidentes de província. Além disso, podia determinar a revisão de sentenças proferidas na segunda instância, os Tribunais da Relação. Essa revisão, contudo, seria feita pelos desembargadores da Relação, caso concordassem. Isso significa que o Supremo não podia rever as decisões da segunda instância.

O Código de Processo Criminal estabelecia como seria organizada a primeira instância do Judiciário. Através dele foi fortalecido o papel dos juízes de paz, eleitos localmente, podendo candidatar-se qualquer cidadão que preenchesse os requisitos para ser *eleitor*. A inspiração principal para a formulação do Código de Processo Criminal foi o modelo anglo-saxônico, que se pautava por um Judiciário que tinha como principais protagonistas autoridades eleitas localmente. O juiz de paz, cargo criado pelos liberais moderados em 1827, ganhava importância ao ser responsável pela instrução do processo e pelo julgamento de pequenas causas, entre outras atribuições. O novo Código previa também que duas decisões fundamentais do processo criminal, a denúncia e a sentença, fossem de responsabilidade de dois júris distintos: o de denúncia e o de sentença. Seus membros eram escolhidos por sorteio entre os *eleitores* da localidade. Para ocupar esses postos bastava ser cidadão, sem necessidade de qualquer outro título. Mesmo para ser promotor não se exigia que fosse bacharel em Direito. Assim, a magistratura de carreira tinha participação limitada no processo criminal, cujo protagonismo ficava com os cidadãos locais.

O projeto dos liberais moderados caracterizava-se, portanto, por conferir às elites provinciais e às elites locais capacidade de participação institucional no Estado que estava sendo construído. As primeiras, através do Legislativo provincial criado pelo Ato Adicional e as locais, por meio do Judiciário, no âmbito do processo criminal.

UM PAÍS CONVULSIONADO

O período da Regência, iniciado em 1831, foi marcado pela eclosão de várias revoltas em diferentes partes do país. Elas tiveram natureza distinta, na medida em que foram protagonizadas por diversos setores sociais.

Algumas revoltas tiveram como lideranças indivíduos que pertenciam a um grupo numeroso da população: os homens livres pobres. As condições de vida precárias geravam insatisfação que, em determinados momentos, resultou em revoltas armadas. Assim foi na Sabinada, ocorrida em 1837 em Salvador, na Balaiada iniciada em 1838 no Maranhão e que depois se estendeu ao Piauí e na revolta dos Cabanos, de 1832 a 1835, em Pernambuco e Alagoas.

56 HISTÓRIA DO BRASIL IMPÉRIO

Houve também revoltas que começaram lideradas pela elite regional, mas que se transformaram em revoltas dos livres e pobres, como aconteceu na Cabanagem, no Pará, entre 1835 e 1840. Cada uma dessas revoltas teve características específicas. Em comum, porém, havia o descontentamento dessa população com a pobreza a que estava relegada e com a violência a que era submetida cotidianamente. Esses dois elementos se materializavam em reivindicações que apareciam em parte das revoltas de livres e pobres. A primeira era pela nacionalização do pequeno comércio. A predominância dos portugueses nessa atividade, uma herança do período colonial, era considerada a fonte das dificuldades econômicas da população pobre que responsabilizava os portugueses pelos preços cobrados pelos gêneros de primeira necessidade, tidos como abusivos, e se ressentia de que eles costumavam empregar apenas seus compatriotas, em detrimento dos brasileiros. As camadas pobres atribuíam sua pobreza à ganância dos portugueses e, por isso, acreditavam que, se estes fossem afastados do comércio, os brasileiros pobres teriam melhores ofertas de emprego e um custo de vida mais baixo.

Outra reivindicação era o fim do recrutamento forçado. A prática era prevista em lei. Todo ano a Assembleia Geral determinava o contingente de soldados do Exército. Caso o número não fosse atingido por voluntários, os oficiais poderiam recrutar à força a quantidade de indivíduos necessários, por todo o país, para completar seu contingente. Esse recrutamento forçado recaía sobre os homens pobres. Uma vez incorporados ao Exército, ali eram mantidos como soldados por tempo indeterminado, o que significava muitos anos, em troca de um soldo bastante baixo. Numerosas famílias eram afetadas, pois o recrutamento do chefe da família podia significar a redução de sua capacidade de sobrevivência. Ao se rebelar contra o recrutamento forçado, os livres e pobres revoltavam-se contra a violência a que estavam submetidos.

Não era incomum que nas revoltas de setores de homens livres e pobres as lideranças clamassem pelo respeito à Constituição como uma de suas bandeiras. Mostravam conhecer o sistema político que regia o país e buscavam legitimar suas reivindicações a partir de princípios norteadores do regime, a começar pela Constituição.

Na Balaiada, por exemplo, um de seus principais líderes, Raimundo Gomes, respondia em uma carta às acusações de comandantes militares de que os rebeldes eram loucos. Afirmava nessa carta, referindo-se ao projeto dos revoltosos, que "só o que queríamos era a lei da constituição firme". Raimundo Gomes era um vaqueiro que trabalhava para um fazendeiro do Maranhão. Em 1838, homens que trabalhavam sob seu comando, um deles seu irmão, foram presos pelo subprefeito da vila da Manga para serem recrutas do Exército. Era comum que os recrutados à força fossem encarcerados na cadeia local até que um oficial do Exército viesse conduzi-los para uma guarnição militar.

Raimundo Gomes, juntamente com mais nove homens, arrombou a porta da prisão e libertou os companheiros presos. Tinha início uma grande revolta armada que durou até 1841. Cinco dias depois, Gomes já tinha sob seu comando cerca de 100 homens. A Balaiada acabou por se alastrar pela província, chegando ao Piauí, mobilizando camponeses e vaqueiros, homens pobres da área rural, como Manuel Balaio, que deu nome à revolta e tinha no seu apelido a atividade a que se dedicava: fazer cestas, chamadas de balaios. Logo no início, Raimundo Gomes lançou um manifesto com as reivindicações dos rebeldes:

> Primeiro: que seja sustentada a Constituição e garantias dos cidadãos. Segundo: que seja demitido o presidente da província e entregue o governo ao vice-presidente. Terceiro: que sejam abolidos os prefeitos, subprefeitos e comissários, ficando somente em vigor as leis gerais e as provinciais, que não forem de encontro à Constituição do Império. Quarto: que sejam expulsos dos empregos os portugueses

Esse manifesto é interessante, em primeiro lugar, porque mostra que, ao contrário do que as autoridades alardeavam, os rebeldes tinham claras reivindicações políticas, e elas dialogavam com o regime liberal vigente. Além da já citada demanda pelo respeito à Constituição, Gomes reivindicava a destituição do presidente da província, mas em seguida pedia que ele fosse substituído pelo vice-presidente, conforme previa a lei. Exigia a extinção de cargos locais, que haviam sido criados por lei provincial, e que eram vistos como agentes do despotismo. Era o caso de prefeitos e subprefeitos, encarregados, entre outras atribuições, de promover o recrutamento forçado. Por fim, uma demanda que, como dito anteriormente, era frequente nas revoltas dos homens livres pobres: a expulsão dos portugueses dos empregos que ocupavam.

Em outras manifestações, Gomes e outros líderes rebeldes reivindicavam a igualdade entre todos os livres, sem distinção de cor. Nesse ponto, aparecia uma questão importante para homens livres pobres, em geral negros e pardos: o constante risco de escravização. Eram livres, mas vulneráveis na sua liberdade, pois, por sua cor, podiam ser capturados ilegalmente por agentes dos fazendeiros, tornando-se escravos. A igualdade de direitos entre todos os livres, sem distinção de cor, inseria-se nos princípios do regime constitucional. Usando as ideias liberais predominantes naqueles tempos, os rebeldes articulavam reivindicações que diziam respeito à insatisfação com suas condições de vida.

As lideranças da Balaiada não demandavam explicitamente o fim da escravidão. Mas isso não impediu que escravos aderissem à revolta, vendo nela a possibilidade de lutar por sua liberdade. Muitos desses escravos agiram de forma independente, ou seja, com líderes próprios, como o quilombola Cosme Bento das Chagas.

O governo enviou ao Maranhão o general Luís de Lima e Silva para comandar a repressão à revolta. Em 1841, Lima e Silva foi bem-sucedido e a rebelião, violentamente reprimida, chegava ao fim. Foi por isso condecorado pelo imperador com o título de barão de Caxias. Os serviços prestados em outras revoltas lhe valeram novas condecorações, até tornar-se Duque de Caxias. No título nobiliárquico estava inscrita uma de suas vitórias decisivas no combate aos rebeldes do Maranhão: a tomada da cidade de Caxias controlada pelos revoltosos.

No Pará, eclodiu uma revolta de grande magnitude, em janeiro de 1835. Conhecida como Cabanagem, foi, a princípio, liderada por membros da elite local. A grande distância em relação ao Rio de Janeiro, a contínua nomeação de presidentes com os quais essa elite não se identificava, o peso dos impostos cobrados pelo governo central foram os elementos que resultaram na opção pela rebelião armada. O proprietário de terras Félix Malcher, coadjuvado por Eduardo Angelim e Francisco Vinagre, que haviam sido arrendatários em suas terras, conclamou o povo a pegar em armas contra o presidente da província. A população pobre aderiu, insatisfeita com o alto custo de vida, a carestia de gêneros de subsistência e o recrutamento forçado. No Pará, além de negros e pardos, os indígenas tinham grande peso entre os homens livres e pobres.

Depois de matarem o presidente e o comandante das armas, os rebeldes aclamaram Malcher como presidente. A partir de então, os rumos da revolta foram definidos pela clara diferença entre os propósitos da elite, de um lado, e da população pobre que dela participou, de outro. Malcher ordenou ao povo que entregasse ao governo suas armas e voltasse ao trabalho. Mandou carta à Regência afirmando sua lealdade ao Rio de Janeiro e apresentando sua única demanda: que fosse nomeado como presidente um paraense nato. Ficava evidente que esse era seu único objetivo ao promover a rebelião. Mas para a população pobre estava em jogo muito mais. Por isso, os rebeldes recusaram-se a depor as armas.

Por toda a província, rebeldes invadiram cidades e vilas, investindo contra as autoridades locais. Escravos se insurgiram contra seus proprietários. Soldados recrutados à força, na sua maioria indígenas, mataram seus comandantes. Diante da incapacidade do governo de Malcher de conter a revolta, ele foi deposto em fevereiro de 1835 por seu antigo aliado, Francisco Vinagre, que assumiu a presidência. No entanto, também ele estava comprometido com a pacificação da província e não com o atendimento das demandas dos rebeldes. Suas tentativas de acabar com a rebelião, contudo, foram infrutíferas. Ao invés de retroceder, ela crescia. Em agosto de 1835, foi a vez de Eduardo Angelim assumir, pela força, a presidência. Também ele tentou uma saída pacífica na qual não reconhecia a legitimidade das demandas populares.

Escravos organizaram-se e, com armas nas mãos, exigiam o rompimento com o império e o fim da escravidão. Homens livres e pobres exigiam medidas para a melhoria de suas condições de vida, como preços mais baixos para os gêneros de subsistência, o fim do recrutamento forçado e o reconhecimento de direitos consagrados na Constituição. Os rebeldes apoderaram-se da capital, Belém. Espalhavam-se por praticamente toda a província. No início de 1836, tropas foram enviadas pelo Rio de Janeiro para reprimir a revolta. Em maio, conquistaram a capital para, em seguida, adentrar o interior da província e combater os rebeldes. Foram anos de luta, milhares de mortes e prisões. As tropas foram vitoriosas e a rebelião reprimida. A Cabanagem expôs as fissuras da sociedade, na medida em que membros da elite que incitaram a revolta acabaram sendo atropelados por uma população que se rebelava contra a manutenção de uma ordem que essa mesma elite desejava preservar. Escravos e homens livres e pobres assumiram o protagonismo em defesa de suas reivindicações.

REVOLTA DE ESCRAVOS

Os escravos também se rebelavam. Embora não tenha havido nesse período muitas revoltas armadas lideradas por escravos, desde a época colonial registravam-se ações de resistência dos mais variados tipos. Escravos que envenenavam a comida de seus senhores, suicídio como forma de escapar da escravidão, fugas e organização de quilombos são alguns exemplos.

Em 1835, em Salvador, eclodiu uma das mais importantes revoltas lideradas por escravos. O nome pelo qual ficou conhecida, Revolta dos Malês, remete ao fato de que suas lideranças eram muçulmanas ("malês" era denominação usada na época para muçulmanos). Eram escravos originários de sociedades africanas que seguiam o islamismo. Esse fato conferiu especificidades a essa revolta. Em primeiro lugar, a condição de muçulmano estava articulada à origem africana, uma referência que fortalecia a construção de sua identidade. Além disso, ser muçulmano implicava uma cisão com as ideias correntes, formuladas pela elite brasileira comprometida com a defesa da ordem escravista, que pretendiam legitimar a escravidão. Entre elas estava a conversão ao catolicismo de africanos que "viviam no pecado do paganismo", de modo a "salvar suas almas". Era, inclusive, proibido aos escravos professarem uma religião não católica. Assim, um escravo muçulmano, pelo simples fato de o ser, já desafiava as normas da ordem escravista, além de minar o discurso de que sua escravização se justificava pela sua salvação religiosa.

A forma como a revolta foi organizada também traz indícios de que a religião foi um fator decisivo. As reuniões para orações eram momentos propícios para traçar planos rebeldes. Favoreceu também a superação de diferenças étnicas, unindo muçulmanos de etnias diversas. A regra islâmica que determinava que todos muçulmanos fossem alfabetizados, para poderem ler o Corão, conferia a esses escravos uma capacidade de comunicação entre si através de mensagens escritas, que se mostrou vantajosa para organizar a rebelião. Por fim, o islamismo também unificava escravos e libertos muçulmanos, e os libertos desempenharam papel crucial na comunicação entre os rebeldes, já que tinham liberdade de ir e vir.

Embora não haja dados precisos, calcula-se que a revolta começou a ser organizada em fins de 1834, em reuniões clandestinas que ocorriam em casas de Salvador. Os malês tomaram as ruas da cidade no dia 25 de janeiro. A repressão violenta derrotou a rebelião, que durou apenas um dia. Mas a ocorrência de uma revolta escrava armada, previamente organizada, na segunda maior capital do país gerou grande impacto. Ela tornou-se referência para a elite escravista da possibilidade de ruptura inscrita na própria escravidão.

Além disso, a revolta assustou a elite branca porque, segundo os testemunhos dados pelos envolvidos, os rebeldes tinham por objetivo matar todos os brancos e assumir o controle da província. Não se tratava, portanto, apenas de fugir da escravidão, mas de assumir o poder de forma organizada.

REBELIÃO DA ELITE

Revoltas bastante distintas foram as protagonizadas por elites regionais. O exemplo mais importante, por sua duração e dimensão, foi a Farroupilha, no Rio Grande do Sul, que eclodiu em 1835 e só terminou em 1845. Homens livres e pobres também dela participaram, mas a liderança era de parte da elite rio-grandense e, portanto, as reivindicações diziam respeito aos interesses dessa elite, composta por criadores de gado e produtores de charque.

Após a independência, a elite rio-grandense demandava maior autonomia para dispor dos recursos necessários para atender a seus interesses. Em um primeiro momento aderiu ao novo império brasileiro, mas insistia em reivindicações próprias que esbarravam na dependência de decisões do governo do Rio de Janeiro. Os rio-grandenses esperavam do governo central uma política mais intervencionista no Uruguai, de modo a defender os interesses dos grandes proprietários do Rio Grande do Sul que possuíam terras no país vizinho. De outro lado, exigiam uma política tributária que onerasse o charque uruguaio, que concorria com o rio-grandense no mercado brasileiro, e que, ao mesmo tempo, desonerasse o sal importado para a fabricação do charque.

A autonomia conquistada pelas províncias com a promulgação do Ato Adicional em 1834 não foi suficiente para impedir que no ano seguinte eclodisse a revolta no Rio Grande do Sul. Embora tenha se transformado em um movimento separatista, com o objetivo de tornar a província uma república independente, ela se iniciou como uma mobilização de parte da elite rio-grandense contra grupos internos rivais. O principal foco de disputa era justamente o controle da nova Assembleia Legislativa Provincial criada pelo Ato Adicional, em que os farroupilhas eram minoria. A primeira fase da revolta, iniciada em 20 de setembro de 1835, estava restrita ao objetivo de depor o presidente da província, Antônio Rodrigues Fernandes Braga.

No manifesto que assina em 25 de setembro, cinco dias após a deflagração do movimento e já com Braga deposto, Bento Gonçalves, um dos mais importante líderes da Farroupilha, enumera as razões que levaram à revolta. Todas elas dizem respeito à atuação de Braga como presidente. Logo de início, Bento Gonçalves afirma que a deposição do presidente significava a conquista vitoriosa dos objetivos rebeldes:

> Conheça o Brasil que o dia vinte de setembro de 1835 foi a consequência inevitável de uma má e odiosa administração; e que não tivemos outro objeto, e não nos propusemos a outro fim, que restaurar o império da lei, afastando de nós um administrador inepto e faccioso, sustentando o trono de nosso jovem monarca e a integridade do império.

Esse trecho explicita o compromisso dos rebeldes com a Constituição e com o imperador, portanto, com o império, e circunscreve claramente os objetivos da revolta à deposição de Braga.

Apenas um ano depois, em setembro de 1836, quando foi proclamada a república rio-grandense, a rebelião assumiu caráter separatista, como reação à opção do governo central de reprimir violentamente a revolta. Nesse segundo momento, a insatisfação com os tributos cobrados pelo governo central ocupou a agenda dos rebeldes. Foram dez anos de guerra e, ao final, venceram as tropas governistas, chefiadas por Caxias, com a derrota dos Farroupilhas.

A diferença entre revoltas da elite, de um lado, e revoltas de homens livres e pobres e de escravos, de outro, refletia-se também na forma como eram tratados os rebeldes, uma vez derrotados. Homens livres e pobres e escravos sofriam duras punições. Não foi o caso da elite rio-grandense que

OS TUMULTUADOS ANOS DA REGÊNCIA **63**

protagonizou a Farroupilha. A guerra terminou com a assinatura do Tratado de Poncho Verde, que fazia várias concessões aos rebeldes: o império assumia as dívidas do governo da República Rio-grandense, os oficiais rebeldes seriam incorporados ao exército imperial nos mesmos postos, exceto os generais, todos os prisioneiros de guerra seriam devolvidos à província. Além disso, no ano anterior, em 1844, em uma ampla reforma aduaneira aprovada no Parlamento, foi incluída a elevação do tributo cobrado pela entrada do charque no Brasil.

NOVAS REFORMAS

A eclosão de diversas revoltas em diferentes pontos do país levou setores da elite política a defenderem a necessidade de novas reformas nas instituições monárquicas, de modo a criar instrumentos mais eficazes para a manutenção da ordem. Parte dos liberais moderados, a partir de meados da década de 1830, advogava que era preciso um Judiciário e uma força policial mais bem equipada para servir ao governo e reprimir e impedir rebeliões, especialmente às de homens livres e pobres e escravos, mas também de elites provinciais.

A promulgação do Código de Processo Criminal em 1832 havia desenhado um Judiciário no qual prevaleciam as autoridades locais eletivas, como o juiz de paz e os jurados escolhidos por sorteio. A proposta que foi aos poucos sendo elaborada tinha como modelo os códigos napoleônicos, que previam um Judiciário em que era protagonista a magistratura de carreira. Isso significava que a Justiça seria entregue a juízes com formação técnica adquirida na Faculdade de Direito e nomeados pelo governo central.

A reforma no Código de Processo Criminal tornou-se o principal objetivo desse grupo. Aprovada em 1841, previa o esvaziamento das atribuições dos juízes de paz, a criação dos cargos de delegados, que deveriam ser formados em Direito e eram nomeados pelo governo. A eles foram conferidas algumas das atribuições antes exercidas pelos juízes de paz. Também o promotor teria que ser formado em Direito e seria nomeado pelo Rio de Janeiro, com algumas das competências que antes eram de alçada do juizado de paz. Foi extinto o júri de denúncia, cujas funções foram transferidas

64 HISTÓRIA DO BRASIL IMPÉRIO

para os promotores. O júri de sentença permaneceu, mas seus membros deveriam ser indicados pelo juiz que presidia o processo, e exigia-se renda mínima para integrar o corpo de jurados.

A reforma deveria incidir também sobre o Ato Adicional. Os pontos a serem modificados, na chamada Interpretação do Ato Adicional, aprovada em 1840, diziam respeito basicamente às alterações necessárias para implementar o novo modelo de Judiciário. De um lado, limitar a influência das assembleias provinciais sobre a magistratura e sobre a legislação criminal e, de outro, criar uma força policial controlada pelo governo central. As assembleias provinciais continuavam com autonomia para gerir uma força policial da província, mas foi criada uma polícia judiciária subordinada ao Rio de Janeiro.

A autonomia conferida pelo Ato Adicional aos governos provinciais em itens como tributação, empregos municipais e provinciais, decisões sobre obras públicas, enfim, a capacidade de legislar autonomamente e de gerir a arrecadação dos tributos provinciais e municipais não era afetada pelas novas reformas propostas. Desse modo, o arranjo federativo continuou prevalecendo. As mudanças visavam fundamentalmente a alterações no Judiciário. A exceção foram os artigos que procuravam dirimir atritos entre governos provinciais e governo central sobre as competências de cada um. Por exemplo, havia entendimentos distintos sobre a definição do que eram empregos gerais, controlados pelo Rio de Janeiro, e o que eram empregos provinciais e municipais, sob o controle da assembleia provincial. A Interpretação definiu que empregos gerais eram aqueles criados pelo governo central para exercer atribuições que lhe eram próprias. O mesmo critério era utilizado para empregos provinciais e municipais, ou seja, criados pela assembleia provincial ou pelas Câmaras Municipais para exercer atribuições que eram de sua competência.

POLÍTICA PARTIDÁRIA

Não havia consenso entre os liberais moderados sobre a nova estruturação do Judiciário. Uma parcela minoritária insistia na permanência do modelo vigente. O resultado foi uma cisão que se concretizou de forma mais explícita a partir de 1837. Essa ruptura abriu caminho para o surgimento de dois partidos. Os defensores das novas reformas reuniram-se no Partido Conservador e os seus oposicionistas no Partido Liberal. Ambos dominaram a disputa política durante toda a monarquia. Na sua origem estavam duas concepções distintas de Judiciário: a liberal que privilegiava os cidadãos locais, e a conservadora, que fortalecia a magistratura de carreira nomeada pelo governo central.

A partir de então, a política ganhava nova dinâmica, a da disputa partidária. Nas eleições para deputados provinciais e gerais, para vereadores, para senadores, os candidatos eram vinculados a um dos dois partidos. A nomeação de ministros também passou a obedecer à lógica partidária.

Os partidos do século XIX não tinham as mesmas características que os partidos contemporâneos. Embora cada um dos dois estivesse organizado em todo o país, não havia coesão interna, programas claramente definidos, filiações oficialmente formalizadas, enfim, não tinham a organicidade dos partidos atuais. Em cada província, tanto o Partido Liberal como o Partido Conservador adquiriram feições específicas relacionadas às particularidades locais. Não havia diferença de origem social entre as pessoas que compunham cada um dos partidos. Por outro lado, havia alguns temas gerais que uniam cada partido sob uma liderança nacional. Desse ponto de vista é que se pode afirmar que houve diferenças programáticas entre eles. A primeira delas estava na sua própria origem: os distintos modelos de Judiciário que cada agremiação defendia.

Por pertencer ao grupo minoritário na Câmara dos Deputados, contrário às novas reformas, Feijó renunciou à Regência em 1837, sendo substituído por Araújo Lima, do grupo adversário. Instalou-se então intenso conflito entre aqueles que comporiam o Partido Liberal e os do Partido Conservador. Os conservadores empenhados em aprovar as novas reformas e os liberais articulados na tentativa de impedi-los. Estes últimos acusavam os conservadores de pretenderem promover um regresso ao regime anterior, que prevalecera no Primeiro Reinado, marcado pela centralização. O movimento da década de 1840 acabou, por isso, sendo conhecido como Regresso e os conservadores identificados pela alcunha de "regressistas".

A MAIORIDADE DO IMPERADOR

Em 1840, os conservadores foram vitoriosos na aprovação da Interpretação do Ato Adicional. Como estratégia para impedir a aprovação da Reforma do Código de Processo Criminal, os liberais passaram a defender a antecipação da maioridade de D. Pedro II, então com 15 anos. O cálculo dos liberais era que se conseguissem, em um acordo com D. Pedro, aprovar uma lei que o permitisse assumir o trono imediatamente, em troca o imperador nomearia um ministério do Partido Liberal, dissolveria a Câmara majoritariamente conservadora, convocaria novas eleições que, dirigidas pelo gabinete liberal, resultariam em uma Câmara com maioria do partido.

Os conservadores, por seu turno, não tinham como se opor à antecipação, uma vez que consideravam o fim da Regência, com o imperador assumindo seu papel efetivo no regime monárquico, um fator vantajoso para seu projeto no qual o governo central adquiria maiores poderes, de modo a ser avalista da manutenção da ordem interna. Em 1840, a antecipação da maioridade foi aprovada. D. Pedro II assumia plenamente a Coroa.

Conforme previamente acordado, o imperador nomeou um ministério liberal. Pouco depois, dissolveu a Câmara dos Deputados e convocou novas eleições. No pleito, os liberais venceram, elegendo praticamente todos os deputados. Os conservadores promoveram ampla campanha, acusando os liberais de terem ganhado mediante fraude e violência. A repercussão das acusações resultou em dissolução da Câmara e na convocação de novas eleições. Em março de 1841, D. Pedro II demitiu o ministério liberal e o substituiu por um conservador. O imperador mostrou-se nesse momento mais alinhado ao projeto dos conservadores, o que justificava o rompimento do acordo com os liberais.

Os conservadores puderam dar continuidade às reformas que defendiam. Aprovaram, em 1841, a Reforma do Código de Processo Criminal, reestruturando o Judiciário. Ainda em 1841, uma lei recriou o Conselho de Estado, que havia sido abolido pelo Ato Adicional.

A vitória dos conservadores na aprovação dessas medidas resultou em uma revolta armada dos liberais em 1842, em São Paulo e Minas Gerais. Foram derrotados. Com a maioridade de D. Pedro II tinha início o Segundo Reinado, que seria marcado por embates entre os dois partidos.

A EXPANSÃO CAFEEIRA

A economia brasileira no Império manteve basicamente as mesmas características do período colonial. Inteiramente agrária, tinha como principal atividade a exportação de produtos primários para a Europa.

Ocorreram, contudo, algumas transformações importantes ao longo do século XIX. Como se verá no capítulo "O fim da escravidão", a escravidão foi debatida em novos termos e por diferentes atores, até sua extinção em 1888. O trabalho livre foi paulatinamente introduzido para substituir os escravos. Como se verá no último capítulo, a partir da década de 1870 houve um crescimento urbano significativo, embora o país tenha permanecido essencialmente agrário.

Obra de Jean-Baptiste Debret, 1835. Escravos transportando sacas de café.

Uma das mudanças econômicas importantes foi a expansão da cafeicultura. Um novo produto entrava na pauta de exportação brasileira e, em algumas décadas, assumiu o lugar do açúcar como o produto mais exportado pelo país. Em contínua expansão, a partir da década de 1830, o café era produzido em larga escala no vale do Paraíba. Na década de 1840, começou a ser cultivado em outra região de São Paulo, no centro-oeste da província, até então dedicado à produção de açúcar e de gêneros de subsistência. Em direção ao Oeste da província, terras desabitadas foram sendo ocupadas pelos latifúndios produtores de café. Dois problemas cruciais se colocavam para os cafeicultores nessa expansão para Oeste. Em primeiro lugar, as novas fazendas localizavam-se cada vez mais longe do porto de Santos, por onde escoavam sua produção para o mercado externo. O transporte na época era muito precário, basicamente realizado em lombos de mulas que formavam as chamadas tropas. Conduziam o produto por viagens longas, enfrentando as intempéries climáticas, caminhos tortuosos no interior da mata, atravessando rios que muitas vezes nem sequer contavam com uma ponte.

O governo de São Paulo dedicava boa parte do seu orçamento à construção de estradas e pontes e à conservação das já existentes. O maior desafio era descer a íngreme serra do Mar para chegar até Santos. Mas o investimento não era suficiente, pois com a tecnologia disponível na época, continuavam a ser percursos de difícil trânsito. Esse obstáculo começou a ser vencido a partir de 1867, com a inauguração de uma ferrovia inglesa que ligava Jundiaí a Santos.

Com ela, o transporte tornava-se mais rápido, mais seguro e mais eficiente. Contudo, o escoamento do café das fazendas para Jundiaí continuava a ser feito em lombo de mulas por estradas precárias. Os investidores ingleses não se interessaram em expandir os trilhos ferroviários para além de Jundiaí. A partir da década de 1870, os cafeicultores reuniram-se, então, em companhias com o objetivo de construir ferrovias nas regiões onde ficavam suas fazendas até a estação em que pudessem embarcar seus produtos nos trens que se dirigiam a Santos. Essa era uma importante novidade, os fazendeiros diversificavam o investimento do seu capital. Não mais o destinavam integralmente para a agricultura.

Outro desafio foi o fim do tráfico negreiro em 1850. A necessidade de dinamizar a produção em crescimento, em um contexto de diminuição da disponibilidade de escravos, trouxe inovação de vulto na cafeicultura do Oeste Paulista: a mecanização na fase de beneficiamento do café que era realizado na própria fazenda. Até meados do século, a agricultura brasileira em geral era avessa ao uso de tecnologias modernas. Os rotineiros métodos utilizados no período colonial se perpetuavam nas fazendas no século XIX. Muitos historiadores atribuem esse comportamento dos fazendeiros à escravidão. A abundância de escravos, a necessidade de mantê-los ocupados permanentemente e o alto preço de máquinas que teriam que ser importadas explicavam o desinteresse pela tecnologia.

Quando a oferta de escravos escasseou, os cafeicultores do Oeste Paulista tiveram que abrir mão da rotina e investir na mecanização para poupar braços e continuar expandindo sua produção. A partir da década de 1870, máquinas foram importadas para descascar, despolpar, brunir e ensacar o café. Ventiladores mecânicos substituíram os manuais na fase de secagem. Com o tempo, as máquinas passaram a ser fabricadas no Brasil. Diante das contingências, os cafeicultores do Oeste Paulista se viram compelidos a investir na modernização, tanto do transporte como do beneficiamento. Foram os primeiros passos na modernização da economia brasileira.

A invenção do Brasil: a vida cultural no Império

A literatura foi, ao lado da pintura e da música, a principal forma de expressão artística no século XIX. Os autores eram em geral membros da elite branca e o universo de leitores era limitado, pois a maioria da população era analfabeta. No entanto, a prática da leitura em voz alta para membros da família ou para grupos que se reuniam com esse fim ampliava o número daqueles que tinham acesso ao conteúdo dos livros.

Após a independência, a produção literária esteve em parte articulada aos esforços da construção de uma identidade brasileira. A constituição de uma nação e de um Estado, a partir da independência, trazia consigo o desafio de criar um sentimento de pertencimento à comunidade nacional que unificasse uma população extremamente heterogênea. A literatura teve um papel fundamental ao introduzir símbolos, valores, costumes que caracterizariam o povo brasileiro. Ela deveria expressar a especificidade nacional, os elementos que distinguiriam o ser brasileiro de outras nacionalidades.

Isso não significava abrir mão da influência da literatura estrangeira, mas combinar estilos que circulavam no mundo ocidental com conteúdo que remetesse a temas próprios da realidade brasileira. Não havia consenso sobre como deveria se materializar essa literatura que se empenhava em ser nacional. Havia debates sobre os limites considerados aceitáveis para a influência estrangeira e sobre como o Brasil deveria surgir nas páginas literárias.

Críticos literários e historiadores apontam como primeiro movimento predominante na literatura brasileira do século XIX o chamado romantismo. Seu início teve como marco o lançamento da revista *Nitheroy*, em 1836. Publicada por um grupo de jovens, entre eles Domingos José Gonçalves de Magalhães, Manuel Araújo de Porto Alegre e Francisco de Sales Torres Homem, era uma revista dedicada à literatura e à ciência. As artes e o conhecimento científico eram vistos por esses homens como instrumentos importantes da construção da nação e do seu progresso.

A principal influência foi o romantismo francês, mas não se concretizava como mera imitação. Autores dos dois lados do Atlântico compartilhavam um repertório de ideias e valores que circulavam pelos países ocidentais, mas apropriavam-se deles de formas específicas. No Brasil, o passado com o qual se rompe não é o período medieval, como na Europa, mas a condição de colônia. A nação não estava sendo transformada, mas construída. Um país agrário, onde não havia indústria e, a diferença mais importante, a presença maciça da escravidão: essas características teriam que encontrar seu lugar na produção romântica brasileira.

Em um artigo publicado na revista *Nitheroy*, com o título "Ensaio sobre a história da literatura no Brasil", Gonçalves de Magalhães lançou questões que foram foco de constantes controvérsias. Defendia que cada povo tinha sua literatura, que exprimia seu espírito e o contexto em que vivia. Justamente porque o romantismo propunha expressar a experiência de diferentes grupos, tendo por referência a nação, é que Magalhães o considerava o caminho mais profícuo para o surgimento de uma literatura brasileira. Nela deveriam ter lugar destacado os elementos que marcavam a peculiaridade do país: a natureza e os índios. Por outro lado, os românticos compartilhavam de um ideal de civilização que remetia à Europa. Compatibilizar originalidade e valores civilizados europeus, esse era seu objetivo.

EM BUSCA DA NACIONALIDADE: O INDIANISMO

Uma das vertentes mais vigorosas do romantismo brasileiro foi o chamado indianismo, presente já nas propostas de Gonçalves de Magalhães para uma literatura nacional. O índio surgia como elemento ideal para uma perspectiva romântica da nacionalidade. Em primeiro lugar, eram os habitantes originais destas terras, depois ocupadas pelos portugueses. Seriam, então, os primeiros brasileiros e possibilitavam construir uma ponte com o passado, relativizando a influência portuguesa, sem, contudo, negá-la. Os românticos recorreram à figura do indígena para criar um mito da fundação nacional, origem e símbolo do ser brasileiro. Entre os autores indianistas, destaca-se Antônio Gonçalves Dias, que publicou uma de suas mais importantes obras em 1846, *Primeiros cantos*, e em 1857, o poema épico "Os timbiras". Índios heroicos, guerreiros valentes, portadores das mais altas virtudes povoam a poesia de Gonçalves Dias.

"Os timbiras" se passa antes da chegada dos portugueses, em uma tentativa de capturar a imagem anterior à colonização dos primeiros brasileiros e construir sua versão do mito de fundação nacional. Gonçalves de Magalhães, por sua vez, publicou seu poema épico em 1856, no qual os índios são também protagonistas. "A Confederação dos Tamoios" narra uma guerra entre índios e o colonizador português. Os heróis indígenas surgem para combater os ambiciosos exploradores lusitanos. Mas Gonçalves de Magalhães não reduz o embate a um conflito entre os brasileiros originais e os invasores portugueses. Reconhecer a matriz europeia da nacionalidade brasileira era um elemento importante para uma elite branca que compartilhava os valores e costumes da Europa. No seu poema, os tamoios se aliam aos franceses, na época em que estes controlavam o Rio de Janeiro. Além disso, nem todos os portugueses eram vilões. Em contraste com o colonizador ambicioso, estão os jesuítas lusitanos, vistos de forma positiva e como portadores da religião que se

72 HISTÓRIA DO BRASIL IMPÉRIO

tornou oficial no país e também como portadores dos valores da civilização, para os quais converteram os indígenas.

A publicação de "A Confederação dos Tamoios" coincidiu com o surgimento de uma nova geração de escritores românticos no Brasil. Um jovem escritor, pouco conhecido então, iniciou uma polêmica ao criticar duramente o poema épico de Gonçalves de Magalhães. Era José de Alencar. Suas críticas tinham como centro acusar o poeta de fazer o oposto do que defendia. Seu poema seria mera imitação da poesia europeia, em nada contribuía para uma literatura verdadeiramente nacional. Seus índios eram uma espécie de pastiche. Comportavam-se e falavam como se fossem europeus. José de Alencar publicou seus romances, a começar por *O guarani*, com a pretensão de retratar o verdadeiro índio brasileiro, a autêntica origem da nacionalidade brasileira.

José de Alencar considerava que a poesia não era a forma mais adequada de expressão literária em um país como o Brasil. Escolheu o romance para narrar sua versão da construção da identidade nacional brasileira. Tampouco concordava com a transformação de portugueses em vilões. Pertencia a uma geração que não vivera o processo de independência, a oposição aos portugueses não lhe parecia uma questão central. Ao contrário, fazia o elogio do encontro dos índios com os portugueses, em uma mestiçagem cultural que garantiria, ao mesmo tempo, a originalidade brasileira e a transmissão dos valores da civilização europeia. Apesar das críticas a Magalhães, contudo, o índio de Alencar também sofria pela mistificação, como um índio que se portava e falava como um cavalheiro europeu. Alencar se justificava ao afirmar que o índio nos seus romances era idealizado, no sentido de que o autor procurava chegar a sua essência:

> [...] n'*O guarani* o selvagem é um ideal, que o escritor intenta poetizar, despindo-o da crosta grosseira de que o envolveram os cronistas, e arrancando-o ao ridículo que sobre ele projetam os restos embrutecidos da quase extinta raça.

Os escritores românticos contribuíram para que fosse delineada uma identidade brasileira à sua imagem e semelhança. Uma identidade branca e europeizada, a qual sucumbia até os índios.

ESCRITORES E A ESCRAVIDÃO

Autores românticos da segunda geração, como Alencar e Joaquim Manoel de Macedo, autor de *A moreninha*, estavam presentes também na política e no debate sobre questões fundamentais do país, entre elas a escravidão. Alencar foi eleito deputado pelo Partido Conservador em 1860 e nomeado ministro da Justiça em 1868. Macedo elegeu-se deputado pelo Partido Liberal. Embora Macedo se distanciasse do anseio de criar uma identidade nacional e do indianismo, teve em comum com alguns autores românticos a participação política ativa. Outra face da construção da nação. A carreira política de José de Alencar e de Joaquim Manuel de Macedo coincidiu com o período em que o Estado nacional brasileiro já estava consolidado, mas temas fundamentais sobre sua organização, como as regras do processo eleitoral, o papel do Poder Moderador, enfim, o perfil da monarquia constitucional e sua relação com os diversos setores da sociedade estavam em constante discussão. José de Alencar escreveu textos de não ficção, nos quais discutia a organização da monarquia constitucional, como no livro *O sistema representativo no Brasil.*

Em relação à escravidão, Alencar a defendeu em diversos artigos, assim como em alguns de seus romances. Macedo a criticava. Em um livro de contos intitulado *Vítimas algozes*, denunciava a escravidão como um empecilho para a adoção de valores e comportamentos civilizados. Interessante que nessa obra, o ponto de vista adotado por Macedo é o do senhor, do proprietário, da elite branca. Em cada conto, a escravidão é apresentada como perniciosa, porque ela resultaria na convivência com a barbárie representada pelos escravos, que traziam consigo a corrupção dos valores civilizados.

Por fim, uma última geração de românticos falava de política em um novo tom. O mais famoso foi o poeta Castro Alves, cujos poemas escritos quando a escravidão se tornava tema de debate defendiam ardorosamente a abolição. Entre seus poemas mais célebres está "Navio negreiro", de 1868.

HISTÓRIA: INSTRUMENTO PARA CONSTRUIR A NAÇÃO

A preocupação em elaborar uma identidade brasileira e formular as bases da nova nação esteve presente também na escrita de uma história nacional. Com o propósito de fazê-lo com método científico, de forma sistematizada, foi fundado em 1838 o Instituto Histórico e Geográfico Brasileiro (IHGB), com apoio do governo, em especial do imperador.

Construir a nação, sob a direção de um Estado, tornava necessário o conhecimento e a exploração do seu território, elementos fundamentais na consolidação das nações modernas. No que concerne à História, embora não houvesse consenso entre seus membros, a preocupação central em elaborar uma narrativa sobre o passado nacional converteu-se no que ficou conhecido como História oficial. Uma versão do passado que unificasse a população em uma História que exaltava o Estado, a ordem estabelecida e apresentava um elenco de heróis nacionais, que deveriam encarnar os valores que seriam a marca da brasilidade. Uma forma de pensar e narrar a história que adentrou o século XX. Em 1843, nas páginas da revista *Minerva Brasiliense*, também dedicada à literatura, era explicitado o que se esperava do instituto:

> Estranhas umas às outras, falta às nossas províncias a força do laço moral, o nexo da nacionalidade espontânea que poderia prender estreitamente os habitadores dessa imensa peça que a natureza abarcou com os dois maiores rios do universo. [...] Uma *história* geral e completa do Brasil resta a compor e, se até aqui nem nos era permitida a esperança de que tão cedo fosse satisfeito este desideratum, hoje assim não acontece depois da fundação do Instituto Histórico.

A formulação de uma história do Brasil aparece claramente vinculada à construção da nacionalidade, como a ela se articulava também parte da obra dos escritores românticos.

Entre os membros do instituto estavam escritores, militares e juristas. Muitos deles integravam a elite política, como deputados, senadores e conselheiros de Estado. Sua principal fonte de receita, para financiar pesquisas e publicações, foi o governo, que anualmente contribuía com uma espécie de subvenção financeira.

No campo da Geografia, essa subvenção propiciou viagens de exploração para conhecer e descrever o território nacional. Tanto para estimular a expansão interna, como para fundamentar posições sobre disputas fronteiriças com países vizinhos e, ainda, para descortinar as riquezas naturais que poderiam ser exploradas. A partir de 1851, quando houve a renovação dos estatutos do instituto, novos campos de pesquisa foram incluídos na sua área de atuação, justamente ligados à questão indígena: Etnografia e a língua indígena, além da Arqueologia.

A Etnografia formulada pelos membros do IHGB era baseada na concepção de que os indígenas se dividiam em dois grandes grupos. Na região litorânea, estariam os tupis e no interior os tapuias. A diversidade dos grupos indígenas era reduzida a essa bipolaridade criada pelos colonizadores portugueses. A língua seria o principal divisor entre eles. Os tupis falavam, segundo essa visão, basicamente a mesma língua, que desde o período colonial fora traduzida para o português. Enquanto os tapuias eram aqueles que falavam uma língua diferente, desconhecida. Foram os genéricos tupis os indígenas eleitos por historiadores e escritores românticos para simbolizar a nacionalidade brasileira, justamente por conhecerem sua gramática e por serem considerados aqueles que, em contato com os portugueses, representavam o encontro da originalidade nacional com a civilização europeia que produziria a nação do Brasil. Os tupis foram associados aos índios assimilados, próprios para as idealizações da literatura e da história oitocentistas, enquanto os tapuias seriam todas as tribos que ainda habitavam os sertões e eram consideradas selvagens. Bárbaros a serem vencidos pelo civilizado império. Nesse ponto, os etnógrafos do IHGB procuravam contribuir com a política prevalecente de incorporar os "índios dos bosques" à sociedade imperial.

Um historiador do IHGB que obteve maior renome e fama foi Francisco Adolfo de Varnhagen. Em 1854, publicou o primeiro volume de sua mais importante obra, intitulada *História geral do Brasil*; em 1857, o segundo volume veio a lume, ambos dedicados ao período colonial. Escreveu ainda a *História da independência do Brasil*, só publicada postumamente, em 1916. Também foi frequente colaborador da revista do IHGB. Em uma carta enviada ao imperador em 1857, explicitava os objetivos centrais de sua obra:

76 HISTÓRIA DO BRASIL IMPÉRIO

> Ir assim enfeixando-as – as províncias – todas e fazendo bater os co-
> rações dos de uma província em favor das outras, infiltrando a todos
> nobres sentimentos de patriotismo de nação, único sentimento que
> é capaz de desterrar o provincialismo excessivo [...] levando-nos a
> morrer pela pátria ou pelo soberano que personifica seus interesses,
> sua honra e sua glória. Em geral busquei inspirações de patriotismo
> sem ser no ódio a portugueses, ou à estrangeira Europa, que nos
> beneficia com ilustração; tratei de pôr um dique a tanta declamação
> e servilismo à democracia; e procurei ir disciplinando produtiva-
> mente certas ideias soltas de nacionalidade.

Esse trecho traz alguns elementos importantes da visão de Varnhagen. Primeiro, a preocupação com a construção da unidade nacional, tanto do ponto de vista territorial como de uma identidade única. Uma identidade nacional que seria sinônimo de patriotismo e que deveria se articular aos valores e padrões europeus, portadores da civilização. Por fim, a lealdade à monarquia e ao imperador. Contudo, sua obra gerou controvérsias.

Varnhagen negava aos índios a valoração positiva conferida por ou-tros autores e que fossem eles a origem da nacionalidade brasileira. Nesse sentido, criticava autores românticos, a começar por Gonçalves Dias. Iden-tificava a origem da brasilidade na luta dos colonos contra a invasão dos holandeses em Pernambuco no século XVII. Aí estaria para ele o nascimento do sentimento de ser brasileiro. O segundo ponto de discórdia estava na sua visão de que a colonização portuguesa fora fundamental e virtuosa, pois era portadora da civilização.

Entre obras literárias, estudos históricos, expedições geográficas, em meio a polêmicas e alguns consensos, a elite do século XIX empenhava-se em construir e divulgar sua visão do que era ser brasileiro e de como deve-ria se organizar a nação. Também a ciência foi parte desse esforço.

CIÊNCIA X COSTUMES

No campo da ciência, a elite branca brasileira empenhava-se em intro-duzir as práticas e os princípios então modernos na Europa. Esse era o caso da Medicina, cujo repertório entrava em conflito com costumes e religião. Em relação a esta última, tratava-se de um equilíbrio difícil, uma vez que o catolicismo era religião oficial. Embora no século XIX houvesse aceitação por parte da Igreja de novos conhecimentos vindos da ciência, alguns dogmas ainda prevaleciam e não podiam ser contestados. Principalmente porque muitos estavam enraizados nos costumes populares. Os médicos brasileiros adotavam os paradigmas da Medicina europeia e se consideravam importantes atores na luta contra o que consideravam superstição e ignorância, que marcavam, para eles, os costumes populares que não se enquadravam em seus padrões. Viam-se como agentes da civilização a combater a barbárie. Defendiam uma verdadeira revolução cultural ao propor uma série de mudanças nos hábitos e no cotidiano. Criticavam a permanência de lixo nas ruas, a falta de escoamento da água, os hábitos alimentares, a falta de higiene pessoal.

Os médicos encontraram no governo importante aliado no seu combate a costumes considerados supersticiosos e perniciosos, contrários à civilização. Na lei promulgada em 1828 que regulamentava o funcionamento das Câmaras Municipais, entre suas atribuições estavam muitas das medidas saneadoras defendidas pelos médicos. Limpeza das ruas, determinar lugares adequados e limpos para o abate de gado e, entre outras tantas, a construção de cemitérios fora das cidades. Este último item demorou a ser implementado. Havia resistência da Igreja e da população. Mas aos poucos a medida foi sendo adotada, em nome da saúde pública.

A defesa da construção de cemitérios resultava da afirmação da Medicina de que fazia mal à saúde conviver com mortos sepultados no solo da igreja ou ao lado dela, como era comum na época. Para os devotos, o sepultamento tinha que ser em terra sacralizada. Os médicos, contudo, acreditavam que a decomposição dos corpos produzia gases que poluíam o ar, causando doenças e epidemias entre os vivos. Antes dos avanços da Medicina sobre doenças produzidas pelo contágio por micro-organismos, prevaleceu a ideia de que esse contágio se dava por miasmas, ou seja, a contaminação do ar por gases produzidos pela decomposição de matérias orgânicas. Dessa forma, para prevenir epidemias, era preciso afastar os miasmas da atmosfera, o que significava separar os mortos dos vivos.

Em 1835, por exemplo, a Assembleia Provincial da Bahia promulgou uma lei que conferia a um grupo de empresários o direito de construir um cemitério nos arredores de Salvador, onde deveriam ser enterrados todos os mortos da cidade, que não poderiam mais ser sepultados nas igrejas. A lei provincial concedia a esses empresários o monopólio dos enterros na cidade. A medida de saúde pública tornava-se um investimento lucrativo. A essa altura, parte do clero já aceitava esta determinação e empenhava-se para que os novos cemitérios, como o de Salvador, fossem submetidos a regras que lhes conferisse caráter religioso, como o controle da frequência, de modo que seu terreno não fosse profanado por atividades pagãs e a adoção de normas sobre jazigos e lápides. O cemitério de Salvador foi inaugurado em 1836. Nesse mesmo ano, uma revolta eclodiu nas ruas da cidade contra o cemitério.

As fortes resistências vinham não só de parte do clero, mas também das irmandades (associações de leigos em geral ligadas à Igreja e que frequentemente se responsabilizavam pelos ritos fúnebres e enterros de seus membros) e de grande parte da população. Antes de ocorrer a rebelião, houve tentativas de membros das irmandades de obter o cancelamento da lei. Mandavam representações aos deputados e ao presidente da província protestando contra a medida. Um abaixo-assinado com 280 assinaturas foi entregue ao presidente da província dias depois da inauguração do cemitério. Eram assinaturas de gente da elite e de livres pobres, de brancos, pardos e negros. No dia do ato, uma grande quantidade de pessoas se concentrava em frente ao palácio do governo. A aglomeração se transformou em revolta, conhecida como Cemiterada. A população se dirigiu ao cemitério e o destruiu. Medicina e governo, contudo, apesar de revezes como esses, avançavam na imposição de códigos de conduta, de hábitos e de costumes identificados com a civilização.

A Medicina se opunha também a práticas populares de origem africanas. Em um dos contos do seu livro *Vítimas algozes*, Joaquim Manuel de Macedo aponta como um dos males da escravidão o fato de que os escravos introduziram no país o que ele considerava ser feitiçaria, por não estar fundamentada nos cânones da Medicina europeia. A sua descrição dessas práticas remete a um conhecimento das propriedades curativas das plantas, que Macedo repudia, taxando-o de feitiçaria utilizada para o mal:

> O feiticeiro das fazendas e dos estabelecimentos rurais, ainda mesmo dos mais modestos, é, se infelizmente entre os escravos existe, o negro herbolário, o botânico prático que conhece as propriedades e a ação terrível de raízes, folhas e frutas que debilitam, enlouquecem, e fazem morrer o homem; que abatem com as forças físicas a força moral do

homem, e ao que eles chamam – amansar o senhor; que excitam a luxúria, e os instintos animais; que atacam o cérebro e corrompem a razão; [...] Quem deu essa ciência ao negro analfabeto e ignorante?... a rude experiência própria ou a revelação fraternal que o prepararam na África e que mais o armam, escravo na colônia escravagista: iniciado nos venenos vegetais d'África, o negro atiçou a inteligência para fazer o mal, vendo-se escravo; recolheu e guardou a rude ciência dos olhos que distinguem as plantas; onde foi, procurou, experimentou, achou vegetais venéficos; conheceu uns pela experiência de outros escravos, foi ensaiando muitos nos animais domésticos, no gado da fazenda; no aspecto, no sabor, no cheiro adivinhou às vezes o veneno nas flores, nos frutos, nas raízes do cipó, do arbusto, da árvore; preparou assim sua ciência prática, misturou-a com sacrílegas rezas, com imprecações e votos desprezíveis e com uma química extravagante, imunda, nojenta que compõe cozimentos e infusões em que dez ou mais substâncias inertes ou apenas asquerosas se ajuntam com uma que é o veneno que opera.

A repulsa de Macedo ao que considerava feitiçaria era a repulsa a uma forma de saber que não se enquadrava nos paradigmas da medicina europeia. Ele próprio acaba por descrever o conhecimento dos efeitos medicinais das plantas, pelos africanos, através de métodos de experimentação sistematizados. Os costumes populares, contudo, não eram reconhecidos em nome do embate em torno de quem seria o depositário do verdadeiro conhecimento. Tornavam-se alvo da crítica e repressão de uma elite branca que defendia um projeto civilizatório que deveria extirpar esses costumes, de modo a serem adotados apenas aqueles referendados pela ciência europeia.

ESPAÇOS DE CONVIVÊNCIA

De outro lado, a convivência de escravos e libertos em uma sociedade em que predominava uma cultura branca, fosse a ciência, fosse o catolicismo oficial, acabou produzindo adaptações. Esse foi o caso das irmandades. Originárias de Portugal, eram uma espécie de associação ligada à Igreja, mas formadas por leigos. Realizavam os funerais de seus membros, procissões, festas. No seu interior, estabeleciam-se laços de lealdade e funcionavam como importante espaço de sociabilidade.

A hierarquia social era reproduzida pelas irmandades, uma vez que a seleção dos seus membros se dava por critérios de cor, riqueza e poder. Havia as irmandades nas quais só podiam ingressar brancos pertencentes à elite. A adaptação veio já no período colonial, quando surgiram irmandades de negros e pardos. Algumas aceitavam escravos, outras não. Na Bahia havia, por exemplo, a Irmandade da Conceição dos Homens Pardos de Santana do Camisão, que admitia brancos e negros, livres e escravos. Mas seus cargos mais altos só podiam ser ocupados por pardos. Já a Irmandade do Boqueirão, também de pardos, não aceitava escravos. A Irmandade do Rosário dos Pretos de Camumu, também na Bahia, exigia que seu presidente fosse sempre um homem negro. A sua estrutura previa a existência de dez juízes que deveriam ser todos também homens negros.

Em geral, as irmandades de africanos se dividiam de acordo com sua etnia de origem. Havia, por exemplo, irmandades de jejes e irmandades de nagôs. A elite branca via nas irmandades de negros e pardos uma forma de domesticação, na medida em que significariam o abandono das crenças africanas e a adoção dos costumes brancos e, consequentemente, de suas regras. Além disso, contribuiriam para manter rivalidades étnicas, o que evitaria alianças que poderiam ser perigosas para os senhores.

Essas irmandades, no entanto, foram também um meio de afirmação cultural. No interior delas, a identidade de origem africana era de certa forma afirmada, fosse pela etnia, fosse por trocas culturais. Elas ofereciam aos seus membros todo tipo de ajuda, apoio para conquistar alforria, meios de protesto contra abusos dos senhores e rituais fúnebres dignos. Com o passar do tempo, se tornaram também espaço para alianças interétnicas. Geraram um catolicismo popular, que nem sempre coincidia com o catolicismo oficial. Inclusive adotando práticas africanas, que Joaquim Manuel de Macedo classificaria como feitiçaria. Nas festas dessas irmandades, realizavam-se cerimônias nas quais eram entronizados reis e rainhas negros, com danças e cantos africanos.

As festas negras, promovidas ou não por irmandades, estiveram presentes no país por todo o século XIX. Chamadas pelas autoridades de "folias", "batuques" ou "vozerias", eram ora toleradas, ora reprimidas, mas seguiram sendo realizadas como forma de afirmação da cultura africana no Brasil.

Uma das festas mais famosas e disseminadas, promovida por irmandades negras, era a congada. Nela eram eleitos um rei e uma rainha do Congo. A coroação era seguida por um cortejo que percorria as ruas da cidade, com cantos e dança. Os batuques, por sua vez, foram adquirindo colorações regionais próprias, como sambas, jongos, cocos e maracatus.

As notícias que se têm dessas manifestações são descrições de observadores brancos e debates entre autoridades. Neste último caso, aparecia a ambiguidade com que eram tratadas por políticos e policiais. Há registro de leis que as proibiam e, ao mesmo tempo, de certa tolerância. Eram objeto de tensão e negociação constante.

Os negros produziam uma cultura que carregava elementos trazidos da África com outros nascidos da realidade vivida por eles no Brasil. Festas, candomblé, plantas medicinais compunham um vasto repertório que desafiava a cultura branca europeia.

RENOVAÇÃO CULTURAL

Na década de 1870, houve mudanças importantes em parte da produção cultural brasileira. Na literatura, autores começaram a expressar sua preocupação em buscar uma forma estética e um conteúdo que dialogassem com as questões do seu tempo. Questões sociais, políticas, em um momento em que o regime monárquico passava a ser contestado de forma cada vez mais aberta e veemente pelo movimento republicano que se organizava. Em um momento em que o debate sobre a escravidão avançava com a intensificação de revoltas escravas, o surgimento do movimento abolicionista e a aprovação, em 1871, da primeira lei que previa o fim da escravidão, a Lei do Ventre Livre.

Um país em transformação. Dele queriam falar poetas e romancistas. Estavam atentos a questões brasileiras, mas também queriam dialogar com novas correntes estéticas que surgiam na Europa. Entre eles, o mais importante foi Machado de Assis.

No lugar das idealizações românticas, de tentativas de elaborar versões definitivas e únicas da história, Machado de Assis propunha uma literatura que expressasse a parcialidade dos pontos de vista, as contradições e os dilemas da sociedade.

HISTÓRIA DO BRASIL IMPÉRIO

Joaquim Maria Machado de Assis nasceu no Rio de Janeiro em 1839. Filho de um trabalhador pobre, mestiço de negro e português, estudou em escola pública e foi um autodidata. Dedicou-se ao jornalismo, dele tirando seu sustento. Sua origem social humilde o transformava em exceção no universo letrado brasileiro. A originalidade e a qualidade de sua obra fizeram dele um dos mais importantes escritores da história nacional. Escreveu crônicas em diversos jornais fluminenses, sobre literatura e política. Em 1880, publicou em vários números da *Revista Brasileira* os capítulos do romance que é até hoje uma referência da literatura nacional: *Memórias póstumas de Brás Cubas* – publicado em livro em 1881. Sua originalidade e modernidade apareciam já na dedicatória:

> Ao verme
> que
> primeiro roeu as frias carnes
> do meu cadáver
> dedico
> como saudosa lembrança
> estas
> Memórias Póstumas

E depois nas famosas linhas que iniciavam o primeiro capítulo:

> Algum tempo hesitei se devia abrir estas memórias pelo princípio ou pelo fim, isto é, se poria em primeiro lugar o meu nascimento ou a minha morte. Suposto o uso vulgar seja começar pelo nascimento, duas considerações me levaram a adotar diferente método: a primeira é que eu não sou propriamente um autor defunto, mas um defunto autor, para quem a campa foi outro berço; a segunda é que o escrito ficaria assim mais galante e mais novo. Moisés, que também contou a sua morte, não a pôs no introito, mas no cabo: diferença radical entre este livro e o Pentateuco.

Assim, Brás Cubas, após sua morte, começava a contar sua história, e, através dela, Machado de Assis falava do Brasil em que vivia. Falava de questões de seu tempo que diziam respeito às angústias dos homens, em um romance que inovou inteiramente a literatura brasileira.

A INVENÇÃO DO BRASIL 83

No mesmo ano, outro romance era publicado, também ele inovador. Trata-se de *O mulato*, de Aluísio Azevedo. Inovador na estética e no conteúdo, pois seu protagonista era o mulato Raimundo, filho de um fazendeiro e traficante de escravos português e de uma de suas escravas. Azevedo se dedicava no seu livro a esquadrinhar a realidade do tempo e do lugar, no caso a cidade de São Luís, no Maranhão, onde nasceu. Com enfoque no cotidiano dos homens pobres, seus romances eram carregados de críticas ao preconceito racial e de defesa do abolicionismo. Aluísio de Azevedo foi também jornalista, atividade que exerceu no Rio de Janeiro, para onde se mudou depois da publicação de *O mulato*.

A produção cultural no Brasil no século XIX, ao mesmo tempo que falava da sua época, deitava raízes que se prolongariam pelos séculos seguintes.

IMPRENSA E OPINIÃO PÚBLICA

A imprensa foi uma importante forma de manifestação cultural e política ao longo da monarquia. Os periódicos que circulavam pelo país tiveram papel fundamental na construção de uma esfera do espaço público. A imprensa era considerada importante veículo para influenciar costumes, difundir cultura e discutir política. Havia jornais e revistas dedicados à literatura, à ciência e a públicos específicos. Revistas para mulheres, jornais articulados a determinadas categorias profissionais. Em geral, eram redigidos por jornalistas pertencentes à elite branca, como também por padres, romancistas, advogados. Alguns poucos periódicos foram escritos por negros, com o fim de dar voz a grupos que eram mantidos à margem da cultura letrada.

A imprensa brasileira no século XIX teve seu conteúdo e formato vinculados às concepções políticas do liberalismo, no sentido de construir uma nova ordem que se distinguia em muitos aspectos do Antigo Regime. Nesse sentido, imprensa era entendida como parte da constituição do espaço público, mais especificamente como forma de expressão de opinião pública. Em suas páginas eram defendidas posições sobre temas candentes que estavam sendo discutidos no Parlamento. Em cada província, os Partidos Liberal e Conservador tinham um ou mais periódicos para sustentar suas posições. Ao contrário dos dias de hoje, não se esperava imparcialidade dos jornais. Suas filiações partidárias eram explícitas, mas, ao mesmo tempo, pretendiam ser a expressão da vontade da maioria do povo. Nessa condição, ansiavam por intervir diretamente na vida política e social do país. Publicamente, teciam críticas ao poder e influíam nos negócios políticos. Debatiam projetos, leis e governos. O espaço público ganhava um novo sentido, o de articulação e influência política.

A instauração de uma monarquia constitucional, ao significar a implementação de um regime representativo, com a participação de parcelas da sociedade no jogo político, implicava a manifestação pública de posições e críticas políticas. Os jornais eram meio de angariar apoios e expressar repúdios, além de fazer circular ideias e fatos políticos, atos e decisões governamentais. A fundação de jornais e a edição de panfletos, a publicação de artigos e a realização de debates, sob o novo regime, integraram o cotidiano da nova nação.

Francisco de Paula Brito, editor do jornal *O Homem de Cor*, de 1833. Era parte da grande população que, na sociedade escravista, sofria com a discriminação racial e duras condições de vida. Porém, Paula Brito tornou-se uma exceção. Jornalista, escritor, combatia em seus jornais o preconceito racial e questionava a situação dos negros no Brasil. Fundou a Tipografia 2 de Dezembro, tornando-se então um respeitado editor, responsável pela publicação de obras de importantes autores, incluindo Machado de Assis.

Era comum que periódicos dedicados ao debate político trouxessem em suas páginas capítulos de romances ou contos. Como também havia publicações dedicadas às artes e ao humor, que não deixavam de tratar da política. A partir do Segundo Reinado, várias delas incluíam ilustrações em suas páginas, graças a novas técnicas que chegavam ao país. As ilustrações iam da reprodução de imagens a caricaturas. Estas últimas zombavam de figuras importantes da elite brasileira e muitas vezes eram usadas para fazer críticas de caráter político. Um dos mais famosos caricaturistas foi Angelo Agostini, imigrante italiano que chegou a São Paulo em 1860. Fundou jornais satíricos como *Diabo coxo* e *O Cabrião*. Em 1866, mudou-se para o Rio de Janeiro, onde, além de contribuir para diferentes jornais, fundou em 1876 a *Revista Ilustrada*. A caricatura e a sátira também tinham importância como expressão de opinião pública ao tratarem de temas candentes da sociedade brasileira. Agostini, por exemplo, integrou-se ao movimento abolicionista através de suas caricaturas.

Embora fosse uma atividade em geral restrita aos letrados brancos, também existiram jornais escritos por negros, dedicados a leitores negros, com foco na discussão sobre a questão racial. O primeiro de que se tem notícia começou a ser publicado em 1833 no Rio de Janeiro. Com o título *O Homem de Cor*, era editado por Francisco de Paula Brito. A partir de então, outros jornais do que se poderia chamar imprensa negra foram publicados na capital, tais como *O Brasileiro Pardo* e *O Crioulinho*. Criticavam a discriminação contra os negros, defendiam seus direitos constitucionais, lutavam contra os estigmas que sofriam em uma sociedade escravista governada por uma elite branca. Paula Brito era também tipógrafo e em sua tipografia foram publicados os primeiros livros de Machado de Assis, a mais importante peça teatral de Martins Pena, *O juiz de paz na roça*, entre outras tantas obras importantes da época, incluindo "A Confederação dos Tamoios", de Gonçalves de Magalhães. Com jornais escritos por negros que debatiam a questão racial, nova dimensão de opinião pública se consolidava, ao expressar a voz e as ideias de parte da população que estava nos mais baixos degraus da rígida hierarquia social da época.

Nas últimas décadas da monarquia, já existia uma imprensa mais bem estruturada, diversificada, com periodicidade, diária ou semanal, com independência financeira. A importância dos jornais e revistas na formação da opinião pública tornou-se ainda mais contundente nesse período por terem sido uma das principais formas de manifestação do movimento abolicionista e do republicano.

Conflitos e negociação

A adoção de um governo representativo, na forma de uma monarquia constitucional, tinha como um dos elementos centrais o fato de que as instâncias de governo fossem capazes de canalizar os conflitos para melhor controlá-los. Principalmente os conflitos entre setores da elite. Havia grupos diversos, com interesses diferentes e muitas vezes em oposição. As diferenças tinham origens distintas. As peculiaridades de cada província geravam interesses específicos, cujas elites apresentavam demandas nem sempre compartilhadas pelas elites de outras províncias. Também ocorriam divergências pautadas por grupos corporativos, como magistrados, padres, militares. Havia ainda interesses econômicos nem sempre coincidentes que podiam dividir fazendeiros, comerciantes e traficantes de escravos. Também não havia consenso sobre as políticas nacionais consideradas mais

88   HISTÓRIA DO BRASIL IMPÉRIO

adequadas para a organização da nação e do Estado. Por exemplo, discordâncias sobre a melhor estratégia para unificar a moeda nacional e organizar o sistema bancário. Ou ainda, as diretrizes a serem imprimidas na política externa, em temas centrais como o comércio exterior.

O governo representativo oferecia instituições no interior das quais os setores da elite poderiam negociar, se confrontar, sem colocar em risco a manutenção da ordem, ou seja, sem que esses conflitos transbordassem para convulsões sociais. Analisar a monarquia brasileira, portanto, significa analisar a forma como o governo representativo foi instaurado no país após a independência.

MONARQUIA CONSTITUCIONAL: UM GOVERNO REPRESENTATIVO

Algumas das características da monarquia brasileira causam estranheza para quem tem como referência as democracias contemporâneas. Mas dois séculos se passaram e, embora as democracias atuais sejam tributárias das experiências do século XIX, ao longo do tempo profundas modificações ocorreram. Isso quer dizer que os governos representativos oitocentistas tinham características distintas das democracias forjadas no decorrer do século XX. Um dos seus berços, a democracia instaurada nos Estados Unidos após sua independência, era um país escravista. Obviamente, escravos não eram indivíduos portadores de direitos, e os governos representativos do século XIX foram pensados e organizados para os homens livres, ficando então os escravos deles excluídos.

A escravidão cobrou o seu preço nos países onde existia. A violência cotidiana, inerente à relação escravista, o grande poder dos fazendeiros, que tinham absoluto controle sobre a vida e morte de seus escravos e que monopolizavam as principais atividades econômicas, eram determinantes na forma como se organizava a política. Mas não a ponto de impedir que, segundo os padrões vigentes no século XIX, fossem organizados governos representativos nesses países para normatizar a dinâmica da política e da sociedade dos homens livres. Medidas por eles adotadas visavam preservar a escravidão e o domínio da elite econômica, política e letrada, geralmente, dentro das regras dos governos que seguiam o modelo liberal.

Repúblicas e monarquias constitucionais no século XIX tinham como uma de suas características serem governos cujo poder decisório era

CONFLITOS E NEGOCIAÇÃO **89**

monopolizado por uma elite. Não eram governos no interior dos quais se criavam mecanismos de acesso ao poder para todos os setores da sociedade. Nenhum governo representativo tinha essa característica naqueles tempos. Essa não era a proposta liberal.

A escolha de representantes através de eleições necessariamente limitava o acesso aos cargos de representação para os membros da elite, únicos com recursos necessários para vencê-las. E esse era o objetivo do regime liberal. Outros setores da população ganharam direito de participação, mas através do voto apenas.

Os liberais do século XIX, na Europa e nos Estados Unidos, em sua maioria não estavam interessados em entregar o governo a todos os segmentos da população, indistintamente. Procurava-se ampliar a participação para incluir alguns novos setores, como membros da elite econômica, parcelas da população relativamente pobres, mas que tinham algum grau de rendimento e, em alguns países, todos aqueles que fossem alfabetizados. Enfim, grupos sociais que antes não tinham canais de participação política e passavam a tê-lo através do voto. Ao mesmo tempo, contudo, propunham um modelo que garantia que a condução do regime ficasse subordinada a uma elite. Temiam a volatilidade de uma população dominada pelo que muitos políticos oitocentistas no Brasil chamavam de "paixões populares", ou seja, destituída, no seu entender, de racionalidade.

Assim, algumas características da monarquia brasileira estavam em consonância com as práticas políticas dos demais países. A própria opção pela monarquia se enquadrava no ideário liberal, desde que fosse constitucional. Para muitos políticos liberais da Europa, a monarquia constitucional era considerada a opção mais segura para conter as demandas populares e a corrente revolucionária que se abrira com a independência dos Estados Unidos e com a Revolução Francesa. No caso da América, o Brasil foi o único país onde prevaleceu esse regime. Para a elite brasileira, a monarquia se apresentava como a melhor alternativa, diante da insegurança cotidiana representada por escravos e homens livres pobres que poderiam colocar em risco a ordem vigente. Haveria eleições para o Legislativo, mas o Executivo deveria ser uma âncora da manutenção da ordem, ao não ser submetido à escolha por eleições. Este era o desafio que se apresentava: construir o Estado e manter a ordem, adotando-se o modelo liberal.

90 HISTÓRIA DO BRASIL IMPÉRIO

SEGUNDO REINADO: O PODER MODERADOR EM AÇÃO

D. Pedro I exerceu o Poder Moderador para nomear e demitir ministérios, também foi responsável pela escolha dos primeiros senadores, para a abertura da Assembleia Geral em 1826, mas não dissolveu a Câmara nenhuma vez. No seu governo houve apenas duas legislaturas, a primeira de 1826 a 1829. A segunda, iniciada em 1830, foi responsável pelo acirramento da oposição política que levou D. Pedro a abdicar do trono no ano seguinte.

Na Regência, o Poder Moderador não foi exercido, pois era exclusivo do imperador. Foi com D. Pedro II que o quarto poder atuou em suas diversas atribuições, inclusive na dissolução da Câmara dos Deputados. A Constituição era vaga sobre as condições exigidas para que o imperador exercesse o Poder Moderador. Basicamente afirmava que ele podia fazê-lo em casos de salvação nacional. A interpretação sobre situações em que estivesse em risco a salvação nacional poderia ser tão ampla que permitia que o imperador atuasse em qualquer circunstância.

Contudo, a opção da elite política por um modelo liberal de regime, que necessariamente impunha limites à ação do imperador, constituiu importante freio, de modo a estabelecer que, na prática, o imperador, embora com peso político significativo, tivesse que agir em consonância com os demais poderes. Assim, no Segundo Reinado, estabeleceu-se uma espécie de acordo tácito em relação à dissolução da Câmara, por exemplo. Essa iniciativa, em geral, só era tomada por D. Pedro II quando se configurasse um impasse entre o Legislativo e o Executivo. Esse impasse se materializava quando a maioria dos deputados se opunha a projetos de lei considerados vitais pelo gabinete e dos quais não aceitava abrir mão.

Era a dinâmica da relação entre Legislativo e gabinete que acionava o imperador para exercer algumas de suas atribuições. Diante do impasse, os ministros acenavam com pedido de demissão caso determinado projeto não fosse aprovado pelos deputados. Era nesse momento que o imperador era chamado a decidir. Podia aceitar a demissão de seus ministros e nomear um novo ministério com melhorar o diálogo com os deputados ou podia dissolver a Câmara, convocando novas eleições. Decidiu caso a caso. Em alguns deles, optou pela dissolução da Câmara, em outros demitiu o gabinete.

Nomeado e demitido pelo imperador, não ficaria o ministério subjugado à sua vontade? Essa não é uma pergunta de fácil resposta. O poder

CONFLITOS E NEGOCIAÇÃO **91**

de nomear e demitir os ministros conferia influência para o imperador na gestão realizada pelo gabinete. Mas, por outro lado, na escolha dos ministérios, o imperador tinha que negociar com um dos dois partidos em atividade, o Liberal e o Conservador, que deveria assumir o gabinete. O deputado Cristiano Ottoni, em discurso na Câmara em 1848, sintetizou a relação entre partidos e monarca na escolha do ministério:

> No sistema representativo os partidos são legais, são constitucionais e legítimos; estes partidos divergem sobre a maneira por que cada um encara o meio de consolidar as instituições, de estabelecer as leis regulamentares, e de administrar o país: a arena em que eles lutam é a tribuna e a imprensa; o juiz é a coroa. Aprovada pela coroa uma destas políticas, entrega-lhe o governo do país; e qual então o dever do gabinete assim organizado? Não tem mais do que chegar ao parlamento e dizer-lhe – meu programa é o do partido a que eu pertença, e de onde fui tirado.

Do ministério, esperava-se que tivesse um programa, uma espécie de carta de intenções, de acordo com os princípios defendidos pelo seu partido.

Além disso, o Parlamento, na sua primeira legislatura, empenhou-se em garantir seu protagonismo. Para tanto, impôs mecanismos que obrigavam os ministros a responderem por seus atos ao Legislativo. Tinham que enviar relatórios anuais de suas atividades e comparecer em plenário quando convocados para prestar contas de suas ações. Submetiam-se ao escrutínio do Parlamento, de cujo apoio dependiam para aprovar seus projetos.

Em 1847, foi criado o cargo de presidente do conselho de ministros. O imperador deixava de escolher quem ocuparia cada uma das pastas. Designava aquele que iria chefiar o ministério e ele indicava os demais nomes do gabinete.

Em relação à dissolução da Câmara, D. Pedro II lançou mão da medida diversas vezes, para garantir maioria parlamentar para o ministério. Tratava-se de decisão iminentemente política e nela pesavam a conjuntura, as forças em oposição, alianças e negociações. Em outras ocasiões, o impasse foi resolvido pela demissão do ministério.

Havia uma indiscutível influência do imperador na dinâmica política, mas ela era exercida de acordo com as normas dos governos representativos do século XIX que assumiram a forma monárquica. O imperador, no exercício do poder, tinha que se articular à elite política e à lógica da disputa partidária. Não

92 HISTÓRIA DO BRASIL IMPÉRIO

havia como governar sozinho, sem construir apoios, o que significava negociar, ceder e participar da lógica institucional. Seu poder de dissolver a Câmara não implicava que o Legislativo ficava à sua mercê. No decorrer do Segundo Reinado, a frequência dos embates entre Legislativo e Executivo, muitas vezes resolvidos por demissão de ministério e outras tantas por dissolução da Câmara, indica que os deputados não deixavam de tomar a posição de sua preferência e não se pautavam pelo temor de que a Câmara fosse dissolvida. Além disso, contar com uma Câmara com maioria do partido que estava no ministério não garantia a este a aprovação de sua política. Em diversas legislaturas, houve oposição de deputados ao ministério, mesmo pertencentes ao mesmo partido.

Dissolver a Câmara, por sua vez, implicava ônus político, pois confrontava aqueles que nela tinham maioria. Além disso, ao fazê-lo, o imperador era obrigado a convocar novas eleições. E a disputa partidária é que determinaria o resultado do novo pleito.

CIDADANIA E ELEIÇÕES

Os direitos de cidadania consagrados na Constituição brasileira tinham, na prática, abrangência desigual. Em uma sociedade escravista, profundamente hierarquizada, os homens livres que não pertenciam à elite, fosse a econômica, política ou letrada, viviam em situação permanente de fragilidade social. Eram sujeitos a arbítrios e violências que negavam os direitos a eles concedidos por lei. Essa realidade marcava também os demais países naquele período. A luta pelo respeito aos direitos previstos em lei e por sua ampliação marcou a história das diversas sociedades, assim como está presente nos dias atuais.

O exercício da cidadania também sofria restrições pela disseminação de práticas que visavam fraudar o processo eleitoral. Mais uma vez, é preciso salientar que essa era a realidade de todos os governos representativos do século XIX. O problema é a impossibilidade de mensurar a magnitude das fraudes e até que ponto elas comprometiam de fato os resultados das eleições. Não se podendo mensurar a fraude e conhecendo-se que ela marcava a realidade eleitoral dos demais países, apontar sua existência como forma de falseamento do regime é um modo anacrônico de analisar a monarquia brasileira, ao se esperar dela padrões eleitorais só conquistados no século XX. A história dos governos representativos foi marcada, entre outras coisas, pelo

CONFLITOS E NEGOCIAÇÃO **93**

empenho em criar mecanismos que paulatinamente eliminaram as fraudes nas eleições. Por isso ganham relevo as medidas adotadas para combatê-la.

É preciso também separar fraude de clientelismo. Clientelismo é o nome dado à relação entre fazendeiros e os homens livres pobres. Desprovidos de meios de subsistência e de proteção do Estado, os livres e pobres eram obrigados a se submeterem à vontade e ao arbítrio dos poderosos locais. No caso das eleições, isso significava votar nos candidatos que esses poderosos apoiavam.

Diversos autores têm salientado que o clientelismo integrava as relações sociais do período, não só no Brasil e na América do Sul, como também nos Estados Unidos e na Europa. Por isso seria ingênuo supor que não afetasse as eleições. Justamente por comporem o cenário social dos mais variados países do século XIX, não seria possível a organização de governos representativos naquele período que fossem isentos da influência eleitoral das relações clientelistas. O voto não era a expressão de uma decisão política, de um *eleitor* que escolhe os melhores candidatos segundo suas demandas, como se espera do *eleitor* no século XXI. Esse tipo de *eleitor* não poderia existir nas sociedades profundamente hierarquizadas do século XIX. Contudo, o clientelismo não significava a submissão absoluta aos poderosos locais. Sem dúvida era uma relação de arbítrio e exploração, mas a sujeição não tornava os clientes sujeitos totalmente passivos, sem qualquer capacidade de exercício de vontade. A inclusão de setores sociais como *votantes* lhes conferia uma moeda de troca, que significava uma participação que ia além da mera submissão. Podiam negociar seu voto em troca de favores e bens materiais, por exemplo. O exercício do voto, por sua vez, propiciava um importante aprendizado político. Ao participar das eleições, os homens pobres entravam em contato com ideias propagadas pelo regime liberal, como a de serem os indivíduos portadores de direitos garantidos pelo Estado, a importância de existir uma constituição que normatizava as relações sociais e políticas, o compromisso das instituições com o bem geral do povo. Ideias das quais esses homens, com o tempo, se apropriaram para reivindicar direitos e melhorias nas suas condições de vida.

A transmudação desses indivíduos em cidadãos, por outro lado, não se limitava à participação eleitoral. A implementação de um regime liberal resultou na organização de instituições como o Judiciário e o Legislativo que se tornaram instâncias a que esses homens podiam recorrer para o atendimento de suas demandas. Assim, homens pobres passaram a recorrer ao Judiciário

94 HISTÓRIA DO BRASIL IMPÉRIO

para resolução de conflitos e afirmação de direitos. Com o mesmo objetivo, fizeram petições ao Legislativo. Contudo, esses eram recursos de abrangência bastante limitada, dado o inevitável controle que a elite exercia sobre o Estado, tendo em vista as características das sociedades oitocentistas. Mas, mesmo extremamente limitada, a possibilidade de eventualmente apelar para o aparato institucional contribuía para a cidadania possível naquele contexto.

Esse exercício da cidadania, de certo modo, também interessava à elite política que controlava o Estado, pois, sem colocar em risco esse controle, criava instrumentos que conferiam legitimidade, aos olhos da população, do próprio Estado de modo que, em última instância, ele se tornava fiador da ordem escravista vigente. Como visto no capítulo "Os tumultuados anos da Regência", essa forma de legitimação não impedia que surgissem revoltas armadas de contestação, mas, além do uso da força, as revoltas eram contidas também na medida em que parte da população atribuía legitimidade a um Estado no qual encontrava brechas de participação.

PARTIDOS E MINISTÉRIO

O surgimento dos Partidos Liberal e Conservador na década de 1840, quando terminava a Regência e tinha início o Segundo Reinado, deu nova dinâmica ao jogo político. Em 1841, assumiu um ministério conservador. Em 1844, foi a vez de os liberais serem nomeados para o gabinete. Embora com mudanças de nomes à frente das pastas, o Partido Liberal controlou o ministério até 1848. Nesse ano foi substituído pelo Partido Conservador, que esteve à frente do ministério até 1853. Entre 1840 e 1844, o Partido Conservador tomou medidas que materializavam seu projeto, o chamado Regresso. Reformou o Código de Processo Criminal, interpretou o Ato Adicional e promulgou nova lei eleitoral, as Instruções de 1842. Os liberais, por sua vez, quando retornaram ao ministério em 1844, procuraram reverter algumas medidas do Regresso conservador. Colocaram em pauta uma nova reforma do Judiciário, sem sucesso, mas aprovaram sua lei eleitoral em 1846.

Não havia controle do Legislativo pelo Executivo. Liberais e conservadores no ministério tinham que negociar com parlamentares para aprovar seus projetos. Conseguiram aprovar alguns, não tiveram sucesso com outros. A disputa era constante, assim como a negociação e o conflito. Ministérios foram demitidos nesse período por oposição da maioria da Câmara. A queda dos liberais em 1848, por exemplo, e sua substituição pelo Partido Conservador, se deu pela falta de apoio que o ministério liberal tinha naquele momento na Câmara dos Deputados, embora sua maioria fosse também liberal. Medidas como nomeações para cargos importantes, como o de presidente de província, com nomes ligados aos conservadores, causaram a insatisfação dos liberais na Câmara e a retirada de apoio ao gabinete, resultando na sua demissão. Além disso, os deputados liberais reclamavam do ministério a falta de empenho em reformar o Código de Processo Criminal. Uma vez que a reforma feita em 1841 pelos conservadores estava na origem da disputa entre os dois partidos, era de se esperar, argumentavam esses deputados, que uma vez no ministério os liberais se empenhassem pela reforma judiciária.

Logo depois de assumir o gabinete, em 1848, os conservadores enfrentaram aquela que é considerada a última das revoltas do período de convulsão social que marcou a primeira metade do século XIX. Foi a revolta Praieira, em Pernambuco. O movimento foi liderado pelo Partido Liberal de Pernambuco, que, por ter na rua da Praia a sede de seu jornal, era conhecido como Partido da Praia ou Praieiro. A disputa partidária não apenas refletia as mudanças de partidos no ministério, mas também o confronto pelo controle da presidência da província e da assembleia legislativa provincial. De modo geral, é possível identificar os proprietários ligados à produção açucareira de regiões mais antigas como base de sustentação dos conservadores, enquanto os liberais tinham o apoio de senhores de engenho de enriquecimento mais recente. Os recursos disponíveis para investimento em obras públicas e o controle do abastecimento de escravos, em um período em que o tráfico negreiro era duramente combatido pela Inglaterra, eram alguns dos pontos que levaram os dois grupos a disputar o controle do governo e dos cargos na província. A disputa, ao longo da década de 1840, foi eleitoral, para assumir o controle da Assembleia Provincial e para eleger deputados gerais. Em 1845, sob o ministério liberal, quando foi nomeado para a presidência de Pernambuco Antônio Chichorro da Gama, este governou juntamente com os praieiros, que, graças à vitória eleitoral obtida em 1844, tinham a maioria da assembleia legislativa.

Apenas em 1848, quando perderam eleitoralmente a maioria da Assembleia Provincial, é que os praieiros enfim optaram pela rebelião. A mudança de estratégia foi acompanhada da mudança de discurso, agora contra o ministério conservador e o presidente da província por ele nomeado e o que consideravam ser seu projeto de centralização. Para conquistar a vitória,

96 HISTÓRIA DO BRASIL IMPÉRIO

acenaram para grupos urbanos ao propor medidas como o fim do recrutamento forçado e a nacionalização do comércio de retalhos. Foram derrotados pelas tropas governistas. A magnitude da rebelião, contudo, como outras que a antecederam, abalou o governo. Por outro lado, os historiadores atribuem à derrota da Praieira o fim de um ciclo de rebeliões que marcaram o processo de construção do Estado.

Nesse período em que os conservadores ficaram à frente do ministério, foram enfrentadas outras questões de grande envergadura e impacto: o fim definitivo do tráfico negreiro em 1850 e a decisão de intervir nas guerras na região do Prata, com a vitória das tropas brasileiras na guerra no Uruguai e Buenos Aires em 1852. Crises importantes que haviam sido superadas. Isso, por sua vez, não significava que teria havido a resolução de conflitos e uma suposta pacificação do país. Cada uma dessas questões foi foco de polêmicas, disputas e confrontos. Sua resolução teve pesado preço político. Além disso, os liberais ressentiam-se de estarem há muitos anos fora do ministério. Em 1853, caía o gabinete conservador.

REARTICULAÇÕES PARTIDÁRIAS

A clivagem partidária, liberais *versus* conservadores, poderia se alterar conforme o tema em discussão. No caso do debate sobre como organizar as eleições, por exemplo, houve uma ruptura no Partido Conservador, em 1846, quando um grupo se aliou aos liberais na defesa de medidas como o voto distrital e a inelegibilidade de magistrados nos distritos onde exerciam jurisdição. Essa aliança abriu caminho para a nomeação, em 1853, de um ministério com membros dos dois partidos. Ficou conhecido como Ministério da Conciliação por ser apresentado como uma forma de acabar com as disputas partidárias. O Ministério era chefiado pelo marquês de Paraná. A principal medida por ele adotada foi justamente a aprovação da reforma eleitoral que vinha sendo discutida no Parlamento desde 1846, conhecida como Lei dos Círculos, promulgada em 1855. A lei consagrava a inelegibilidade de altos funcionários públicos nos distritos onde exerciam jurisdição e a eleição de deputados por distritos, na época também chamados de círculos. Cada província seria dividida em tantos distritos quantos deputados elegia e cada distrito elegeria um deputado. Assim, por exemplo, Minas

CONFLITOS E NEGOCIAÇÃO 97

Gerais que tinha uma bancada de vinte deputados, seria dividida em vinte distritos. Como se verá adiante, as duas medidas dividiram os políticos e refletiam concepções distintas sobre os perfis de representantes que se queria eleger, a forma de garantir a participação de todos os partidos no Parlamento, o tipo de ingerência do governo nas eleições e como garantir a separação entre poderes.

O Ministério da Conciliação foi uma estratégia para tentar organizar de nova forma a disputa política, ao incluir conservadores moderados e liberais. Era um realinhamento partidário, que colocava na oposição os conservadores chamados de emperrados ou regressistas.

Conciliação não significava pacificação ou neutralização dos conflitos. Não foi o fim das disputas partidárias. Até porque temas candentes continuavam em aberto. Depois do fim do tráfico, a abolição da escravidão entraria na pauta e agitaria o país. Novos conflitos no Prata estavam no horizonte. As disputas políticas internas continuavam acirradas em torno da organização das instituições.

Em 1856, com a morte de Paraná, o ministério passou a ser chefiado pelo Duque de Caxias, também ele do Partido Conservador. Na composição dos ministérios seguintes, houve ainda a tentativa de acomodar liberais e conservadores. Mas a ideia da conciliação havia sido praticamente enterrada junto com Paraná.

Os Partidos Liberal e Conservador continuaram em disputa política nas eleições, no Parlamento e alternando-se no ministério. No entanto, em 1861, nova rearticulação política aproximou conservadores moderados e liberais, no que ficou conhecido como Liga Progressista. Desde a adoção do voto distrital, os dois partidos tinham representação na Câmara dos Deputados. O que criava um ambiente propício para uma nova aliança entre liberais e conservadores moderados que discordavam da ala regressista do partido. A Liga assumiu em 1862, sob a chefia de Zacarias de Gois. Mas por não conseguir formar maioria na Câmara, esse gabinete durou poucos dias, sendo substituído por um ministério conservador. Depois de um novo período efêmero no ministério em 1864 (de janeiro a agosto), Zacarias de Gois voltou a chefiar o gabinete em 1866. Até 1868, a Liga, sob a direção de Zacarias, ficou à frente de um ministério composto por liberais e conservadores, sofrendo a oposição dos regressistas. Os membros da Liga Progressista se apresentavam

98 HISTÓRIA DO BRASIL IMPÉRIO

como defensores de reformas para aperfeiçoar o governo representativo e melhorar a economia. Em 1864, Zacarias afirmou em discurso na Câmara que um dos seus objetivos era encaminhar modificações na Reforma do Código de Processo Criminal, aprovada em 1841, de modo a "dar mais garantias à liberdade individual". No terceiro gabinete da Liga, em 1867, foi enviado ao Parlamento o projeto de lei que previa a emancipação gradual dos escravos.

A queda do ministério em 1868 é atribuída às pressões do Duque de Caxias, que comandava as tropas brasileiras na Guerra do Paraguai. Divergiam, comandante militar e ministério, sobre a estratégia a ser adotada no conflito. Mas Caxias não era apenas militar. Tinha uma longa carreira política, como membro da ala regressista do Partido Conservador. E foi o principal líder deste grupo, o visconde de Itaboraí, que assumiu a presidência do conselho de ministros em 1868. Os emperrados voltavam ao gabinete. A partir de então, a Liga deixava o cenário político. Os dois partidos continuaram se revezando no ministério.

Em 1871, os conservadores moderados assumiram o gabinete, sob a liderança do visconde do Rio Branco, que havia integrado o ministério da Conciliação. A necessidade de reformas diante das transformações pelas quais passava o país pautou a atuação do gabinete que governou até 1875. Entre elas, a aprovação da chamada Lei do Ventre Livre, ou seja, do projeto que havia sido apresentado no ministério de Zacarias de Gois e que previa a emancipação gradual dos escravos. Como se verá no capítulo "O fim da escravidão", o término do tráfico negreiro em 1850, o surgimento do movimento abolicionista, o recrudescimento das lutas de escravos e o isolamento brasileiro no cenário internacional, como único país ainda escravista, tornavam premente enfrentar o problema da escravidão.

LEIS ELEITORAIS:
ESTRATÉGIAS DE ORGANIZAÇÃO DAS ELEIÇÕES

Em uma monarquia constitucional, as eleições ganham relevo, uma vez que eram determinantes para a composição do Legislativo. O resultado dos pleitos era definido, entre outras coisas, pela forma como eram organizados. Até hoje no Brasil, a discussão sobre as regras eleitorais é parte central da pauta política. Não era diferente no século XIX.

CONFLITOS E NEGOCIAÇÃO 99

É interessante acompanhar os debates sobre a legislação eleitoral no século XIX porque eles apresentam um elemento que permanece ao longo da história da democracia no Brasil e nos diversos países que adotam esse regime. Trata-se da convicção de que as regras que organizam as eleições são decisivas para definir o perfil de representante que será eleito, a composição partidária na Assembleia Geral, a separação entre os poderes, o grau de participação da população e o combate às fraudes.

A forma como deveria ser organizada as eleições dividiu os dois partidos. As propostas distintas de liberais e conservadores sobre esse tema, assim como as referentes ao Judiciário, refletiam concepções diversas sobre governo representativo e representação. Ambos compartilhavam a preocupação em garantir a manutenção da ordem. Ambos identificavam no Legislativo o principal espaço para a institucionalização dos conflitos entre os diversos setores da elite. Mas divergiam sobre a melhor estratégia a ser adotada.

No século XIX no Brasil, houve intenso e extenso debate sobre as regras que deveriam normatizar o processo eleitoral, que resultou em diversas leis eleitorais. As mais importantes foram a promulgada pelo Executivo em 1842 e as aprovadas no Parlamento em 1846, 1855, 1875 e 1881. É preciso lembrar que não existia no século XIX uma Justiça Eleitoral, ou seja, um ramo do Judiciário com a atribuição de fiscalizar as eleições. Essa fiscalização ficava a cargo da Câmara nas eleições de deputados e do Senado na escolha de seus membros. Mas ela se dava apenas ao final do processo, quando uma comissão analisava as atas remetidas pelas mesas eleitorais e examinava denúncias de fraudes. Em função das dificuldades de comunicação entre a capital e as localidades e do caráter intrinsecamente político das duas casas, era uma fiscalização precária. Assim, as leis eleitorais tinham que prever mecanismos que em si mesmos garantissem a maior lisura possível dos pleitos.

A lei de 1842 foi promulgada por um ministério composto por membros do Partido Conservador e estava inserida na lógica do Regresso. Dois itens constituíram as principais preocupações dos formuladores do projeto: o combate à fraude e a preservação da ordem. Ambos se materializaram na criação da junta de qualificação. A junta, organizada por paróquia, deveria se reunir um mês antes das eleições para fazer a lista dos cidadãos que preenchiam os requisitos constitucionais para serem *votantes* e *eleitores*. Fator considerado decisivo, pois era responsável pela definição de quem preenchia os requisitos exigidos para votar. Desse modo, as juntas de qualificação assumiam papel fundamental. Inclusive porque a qualificação era feita a cada eleição. A perspectiva era de que a junta funcionasse de modo a garantir a lisura do pleito, contudo, ao longo dos anos foram frequentes as denúncias de fraudes pelas juntas de qualificação.

Segundo as Instruções de 1842, eram membros da junta o subdelegado (cargo criado pela reforma do Código de Processo Criminal), o padre e o juiz de paz. A participação do subdelegado, nomeado pelo governo central, seria, na visão dos conservadores, a garantia não só de lisura, mas também de manutenção da ordem.

Em 1846, nova lei foi promulgada. O ministério era então composto por membros do Partido Liberal e a maioria na Câmara era também liberal. O projeto, apresentado na Câmara em 1845, refletia a visão do Partido Liberal de como as eleições deveriam ser organizadas, diferentemente daquela defendida pelo partido Conservador. Por sua abrangência, essa lei foi a que mais se aproximava do que hoje chamamos de código eleitoral.

Entre várias medidas para combater a fraude estavam a realização das eleições em todo país no mesmo dia e o fim do voto por procuração. Um dos artigos que geraram maior divergência entre liberais e conservadores foi aquele que previa nova composição para a junta de qualificação. Seus membros seriam o juiz de paz mais votado, dois *eleitores* e dois suplentes de *eleitores*. Por trás dessa discussão estavam duas concepções distintas do governo representativo. A divergência tinha o mesmo eixo que aquela em torno do processo criminal. Da mesma forma que defenderam um Judiciário em que predominavam as autoridades locais, os liberais advogavam que o controle sobre a qualificação estivesse nas mãos de cidadãos eleitos localmente, como era o caso do juiz de paz, os *eleitores* e os suplentes de *eleitores*. Saíam de cena o padre e o subdelegado.

O argumento dos liberais era que essa nova composição impediria que o governo interviesse na decisão sobre quem teria efetivo direito de voto, garantindo assim a lisura do pleito. Afirmavam ainda que os dois partidos estariam representados na junta, uma vez que os *eleitores* seriam do partido majoritário e os suplentes, ou seja, aqueles que não receberam votos suficientes para serem *eleitores*, seriam do partido minoritário. De modo que ambos fiscalizariam os trabalhos da junta. O controle das

CONFLITOS E NEGOCIAÇÃO 101

eleições ficaria nas mãos dos partidos, que assumiriam a responsabilidade de arbitrar o processo. O artigo foi aprovado e essa composição só seria substancialmente alterada com a lei de 1881, pela qual a junta passava a ser composta por membros do Judiciário.

Os liberais defendiam um modelo de governo representativo no qual a representação não estaria apenas no Parlamento, mas também em outras instâncias, como no Judiciário, com sua proposta materializada pelo Código de Processo Criminal, e nas instâncias de deliberação no processo eleitoral, a junta de qualificação e a mesa eleitoral que presidiria as eleições, com a mesma composição que a primeira.

Os conservadores entendiam que a representação deveria se dar apenas no Parlamento. No Judiciário e nas instâncias eleitorais deveriam predominar autoridades nomeadas pelo governo. Essa seria, para eles, a melhor estratégia para garantir a ordem e, com ela, um Judiciário eficiente e eleições limpas, enquanto os liberais afirmavam que a manutenção da ordem e eleições livres seriam possíveis apenas se os cidadãos localmente eleitos conduzissem ambas.

Vitoriosos na aprovação de seu projeto de Judiciário, com a Reforma do Código de Processo Criminal de 1841, os conservadores foram derrotados na organização do processo eleitoral. A aprovação da lei de 1846, substituindo a lei eleitoral dos conservadores, de 1842, foi a vitória da Concepção dos liberais. Com essa nova lei eleitoral, os liberais conseguiram reverter, em parte, a vitória conservadora dos primeiros anos da década de 1840.

O projeto aprovado previa também a indexação em prata dos valores de renda exigidos pela Constituição para votar e ser candidato. O argumento dos liberais era que a inflação havia corroído os valores nominais previstos na Carta. O resultado, segundo eles, era que os setores da população que participavam das eleições haviam se ampliado de forma a incluir indivíduos que não teriam cidadania política em 1824 quando a Constituição foi promulgada. A indexação ao valor da prata tornaria na prática mais elevada a renda exigida e, consequentemente, alijaria do processo eleitoral camadas da população que então dele participavam.

Houve intensa oposição dos conservadores à indexação, afirmando ser ela inconstitucional e responsável por promover a exclusão de cidadãos que gozavam do direito de voto. A posição dos liberais se explica por sua defesa

102 HISTÓRIA DO BRASIL IMPÉRIO

da predominância dos cidadãos eleitos na condução dos pleitos. Uma vez que estes controlariam o processo eleitoral, era preciso ter um corpo de *votantes* e *eleitores* selecionados, o que na visão da época incluía uma renda mínima. Já os conservadores apostavam nos agentes do governo para controlar o processo, o que tornava aceitável uma participação maior de *votantes* nas eleições.

Também nesse ponto os liberais foram vitoriosos com a aprovação da indexação à prata da renda exigida para participar das eleições. No ano seguinte, em 1847, dadas as dúvidas suscitadas em todo o país sobre como calcular a indexação à prata, o Executivo, ainda sob controle dos liberais, promulgou um decreto em que estabelecia como seria feita essa indexação. O cálculo, tal como proposto, chegava a valores nominais que eram o dobro daqueles exigidos pela Constituição. Para ser *votante*, era preciso ter renda anual de 200 mil réis, para ser *eleitor* 400 mil, para ser deputado 800 mil e para ser senador era necessário um conto e 600 mil réis. Esses valores prevaleceram até o fim da monarquia.

O projeto liberal apresentado em 1845 continha ainda um artigo que determinava as chamadas incompatibilidades. Tratava-se da proibição de candidatura de altos funcionários do governo, como magistrados e presidentes de província. Tinha como objetivo garantir a independência entre os poderes e, alegavam os liberais, preservar o bom funcionamento do Judiciário. Não se poderia esperar imparcialidade de um magistrado que participasse das disputas políticas e das eleições. Essa questão está relacionada à fraude, uma vez que consideravam que a candidatura desses funcionários permitia uma ingerência indevida do Executivo nas eleições, pois eram por ele nomeados. Como candidatos, juízes, presidentes de província e outros teriam interesse em usar seus cargos para manipular o resultado dos pleitos. Mas, para além do problema da fraude, a inelegibilidade desses altos funcionários era vista como condição para preservar a autonomia dos poderes. No caso dos magistrados, por exemplo, o argumento era que não poderiam estar ao mesmo tempo no Judiciário e no Legislativo sem comprometer a separação entre os dois poderes.

Os conservadores, por sua vez, eram contrários às incompatibilidades, especialmente em relação aos magistrados. Estes adquiriram papel importante na configuração do Judiciário aprovada pelo Regresso. Sua presença no Legislativo era considerada fundamental pelos conservadores, pois, argumentavam, eram homens portadores de ilustração, ou seja, detentores de conhecimento, sabedoria e erudição. E na concepção dos conservadores, essa era a virtude fundamental a se buscar nos representantes da nação. O artigo que previa as incompatibilidades não foi aprovado porque parte dos deputados liberais era formada por magistrados, contrários à determinação de sua inelegibilidade.

Depois de aprovado o projeto de organização das eleições proposto pelos liberais, em 1846, no mesmo ano foi apresentado no Senado um novo projeto sobre o tema, de autoria de um dos mais importantes líderes do Partido Liberal, Francisco de Paula Souza. O objetivo era complementar a lei recém-promulgada. Esse novo projeto previa duas medidas: as incompatibilidades, que haviam sido rejeitadas na Câmara, e o voto distrital.

O voto distrital era considerado pelos liberais a melhor estratégia para garantir a chamada representação da minoria. No caso, a minoria partidária. A fórmula vigente então era o chamado voto provincial, pelo qual os *eleitores* do conjunto da província elegiam a bancada de deputados. Como não era conhecido na época o voto proporcional, venciam os candidatos que recebiam a maioria dos votos na província, independentemente do seu partido, sendo que os *eleitores* votavam em tantos nomes quantos deputados sua província elegia. Na prática, esse sistema acabou gerando as chapas, conjunto de nomes que um partido lançava para a eleição na província. A chapa que obtinha a maioria dos votos acabava por ocupar toda a bancada na Câmara. Como resultado, o partido minoritário ficava sem representantes.

Para os liberais, esse era um problema central, pois consideravam que só com a representação de todas as correntes de opinião é que se poderia garantir que a Câmara fosse instância eficaz para a institucionalização dos conflitos. Ao dividir cada província em distritos que elegiam um deputado, os liberais esperavam que todos os partidos estivessem representados, pois o provável era que cada um dos partidos conseguisse eleger deputados em um ou mais distritos.

Tradicionais lideranças do Partido Conservador foram contra o projeto. Seu argumento era ser um equívoco afastar os magistrados do Parlamento, pois eles compunham um dos setores mais ilustrados da sociedade e colaboravam com sua ilustração para a formulação das melhores leis para o país. Eram contra o voto distrital pela mesma razão. Afirmavam que o voto distrital privilegiaria

104 HISTÓRIA DO BRASIL IMPÉRIO

a eleição de poderosos locais, que não seriam as pessoas com as virtudes necessárias para serem os melhores representantes do país, não seriam portadores de ilustração. Além disso, por terem apenas influência local, seriam incapazes de compartilhar um projeto nacional, presos que estariam aos interesses das suas localidades. Alguns iam além, o senador conservador Dantas invocava nomes de líderes de rebeliões para apontar os perigos do voto distrital:

> Ora, se ao menos as influências das aldeias no Brasil fossem banqueiros de boas intenções ou outros nas mesmas circunstâncias, não haveria tanto que recear. Porém às vezes estas influências são homens cuja história está escrita com letras de sangue, são um Cangussu, um Militão Henriques, um Angelim, etc. São estes que se quer que venham para o seio da representação nacional com exclusão dos magistrados.

Os ilustrados magistrados seriam substituídos por homens ignorantes, incapazes de defender o interesse nacional e alguns até dispostos a pegar em armas para atentar contra a ordem que todos ali queriam defender.

Eram duas concepções distintas do perfil de representante que se queria eleger. Para os conservadores deveriam ser os portadores de ilustração, para os liberais os membros das diferentes correntes de opinião.

Os conservadores no Senado dividiram-se em torno das duas questões. Um grupo liderado pelo Honório Carneiro Leão, marquês de Paraná, defendia as medidas propostas pelos liberais. Esse grupo concordava que o voto distrital iria garantir a representação da minoria e um conjunto mais diversificado de representantes. A tramitação do projeto de Paula Souza foi lenta. Só em 1855 ele seria aprovado. A oposição dos conservadores regressistas explica essa lentidão. A mudança no contexto político, por sua vez, explica sua aprovação em 1855. Com a nomeação em 1853 do ministério chefiado por Paraná, a aliança firmada em 1846 assumia a direção do Executivo, criando condições favoráveis para a aprovação do projeto. Paraná foi importante para impulsionar a terceira e última discussão, mas o fato de que o projeto já havia passado por duas discussões no Senado foi decisivo. A aprovação no Senado e depois na Câmara foi resultado do acúmulo de longo debate parlamentar e da aliança entre liberais e conservadores moderados no Legislativo.

CONFLITOS E NEGOCIAÇÃO **105**

Novas reformas eleitorais foram aprovadas posteriormente. Em 1875, no ministério liderado por Rio Branco, o voto distrital foi abolido. No entanto, houve a preocupação em manter um mecanismo para garantir a representação da minoria. Os *eleitores* votavam em dois terços do número de deputados que sua província elegeria. Dessa forma, esperava-se que um terço dos candidatos eleitos fosse do partido minoritário. Essa lei, por outro lado, ampliou os cargos cujos ocupantes eram considerados inelegíveis. Por fim, para garantir maior lisura aos pleitos, criou o título eleitoral. Ao invés de a junta de qualificação definir a cada eleição quais cidadãos preenchiam os requisitos constitucionais, a qualificação se tornou permanente, válida para todas as eleições. Uma vez reconhecido pela junta que determinado indivíduo estava qualificado para votar, ele recebia um título por escrito que o habilitava a participar de todas as eleições. A partir de então, a junta apenas decidia sobre casos específicos para os quais cabia a inclusão ou exclusão da participação das eleições. Inclusão, por exemplo, daqueles que alcançavam a idade mínima exigida, ou exclusão daqueles que por algum motivo não mais tinham a renda necessária.

Em 1881, foi aprovada mais uma reforma eleitoral, que adotou novamente o voto distrital. Introduziu também a eleição direta. Ou seja, eliminou a figura dos *votantes*. As eleições passavam a contar apenas com *eleitores* que votavam diretamente nos candidatos a deputado e senador. As exigências para ser *eleitor* eram aquelas que antes eram requeridas para ser *votante*. A renda exigida, por exemplo, para ser *eleitor* era de 200 mil réis, valor que desde 1847 era necessário para ser *votante*. Portanto, nesse ponto, a lei ampliava a participação, uma vez que a parcela da população que apenas tinha direito de votar para escolher os *eleitores* escolheria deputados e senadores. Por outro lado, foi inserida nova exigência para ser *eleitor* que ia em sentido contrário, excluindo parcelas significativas da população. Tratava-se de impor que o *eleitor* tinha que ser alfabetizado, em um país em que a grande maioria da população era analfabeta. A lei, contudo, estabeleceu uma espécie de regra de transição. Quem já era *eleitor*, não perderia essa condição mesmo que fosse analfabeto. A alfabetização só seria exigida para aqueles que se tornassem *eleitores* depois da promulgação da lei. Dessa forma, a medida não teve impacto imediato nas eleições.

106 HISTÓRIA DO BRASIL IMPÉRIO

Segundo os dados disponíveis, o número de *eleitores* caiu drasticamente na eleição realizada logo após a promulgação da lei, se comparado com eleições anteriores. Isso ocorreu porque a nova lei estabelecia critérios e mecanismos rígidos para que o *eleitor* comprovasse sua renda. Boa parte dos *eleitores* não conseguiu apresentar os documentos exigidos e, por isso, teve negado seu direito de votar.

A monarquia constitucional brasileira teve sua dinâmica política pautada ao longo do século XIX por questões e contextos diversos. Embates sobre o perfil do Estado, do regime, sobre o tráfico e sobre a escravidão (veremos adiante), sobre a cidadania, sobre a política para a região do Prata, divergências regionais, partidárias, de interesses deram o ritmo da primeira experiência de governo representativo no Brasil.

REVOLTAS NO SEGUNDO REINADO

Durante todo o período monárquico ocorreram revoltas no país. Depois dos tumultuados anos da Regência, movimentos rebeldes eclodiram ao longo do Segundo Reinado. Como será visto no capítulo "O fim da escravidão", tornaram-se cada vez mais frequentes rebeliões de escravos em luta por sua liberdade. Homens livres e pobres também se rebelaram, patenteando que havia limites para as instituições canalizarem os conflitos resultantes das profundas fissuras sociais. Algumas dessas revoltas foram também formas de afirmação do exercício de cidadania.

Em janeiro de 1851, o governo promulgou uma lei do Registro Civil pela qual nascimentos e mortes deveriam ser registrados pelos escrivães. Até então, por não haver separação entre Igreja e Estado, bastava o batismo e a extrema-unção realizados pelos padres. Era uma mudança importante no avanço do Estado como responsável por regulamentar a vida da população. Foi também determinada a realização de um censo de toda a população, que registrasse livres e escravos, sua cor, entre outras características.

Contra essas medidas levantaram-se habitantes de cidades e vilas de Alagoas, Pernambuco, Paraíba, Sergipe e Ceará. Em Pernambuco, ficou conhecida como Guerra dos Marimbondos, na Paraíba como o Ronco da Abelha. Grupos armados enfrentaram polícia e autoridades dispostos a impedir que a lei do Registro Civil fosse cumprida e o censo realizado.

A revolta foi protagonizada por homens livres e pobres, negros e pardos que, um ano depois do fim do tráfico, viram nas novas leis uma tentativa do governo de escravizá-los. A vivência de uma liberdade instável explica a desconfiança em relação ao registro civil e ao censo. Temiam que, ao serem registrados, portanto oficialmente conhecidos, poderiam ser transformados em escravos, por manipulação dos registros pelos agentes governamentais. Em final de janeiro, diante da multiplicação das revoltas nessas províncias, o governo suspendeu a execução da lei e do censo.

Enfim, homens livres e pobres rebelaram-se contra um Estado no qual não confiavam, evidenciando os limites do regime em obter legitimidade de suas instituições.

*

Uma revolta de proporções significativas eclodiu em outubro de 1874, terminando em fevereiro de 1875. Homens livres e pobres rebelaram-se contra os altos preços de gêneros de subsistência, ou seja, contra suas precárias condições de vida. Conhecida como revolta do Quebra-Quilos, ela se alastrou por quatro províncias: Paraíba, Pernambuco, Alagoas e Rio Grande do Norte. Os revoltosos insurgiram-se contra medidas do governo das quais desconfiavam; atribuíram a elevação dos preços ao aumento de impostos e ao decreto que tornava obrigatório os comerciantes adotarem pesos e medidas do sistema métrico decimal, uniformizando-os assim em todo o país. A adoção de pesos e medidas do sistema métrico decimal teve como resultado a diminuição da quantidade de mercadoria adquirida pelo mesmo preço, em relação àquela comprada pelos sistemas antigos, o que justificava que alguns se rebelassem contra os novos padrões. A menor capacidade de consumo também se materializava pelo fato de novos impostos serem repassados para os preços finais.

Distúrbios nas ruas e feiras tornaram-se constantes no final de 1874. Em cerca de 80 vilas e cidades, a população armada exigia o fim de impostos e quebrava balanças e pesos. Em muitas delas, as autoridades locais, incapazes de conter os rebeldes, fugiram da cidade.

Como em outras revoltas, essa expunha a tensão entre esses setores da população e o Estado. Modernas e racionais para a elite, as medidas contestadas chocavam-se com valores e experiências do povo em nome de quem se governava.

O fim da escravidão

A abolição da escravidão foi o acontecimento de maior impacto e transformação mais profunda no Brasil do século XIX. Em 1888, o trabalho escravo tornou-se ilegal depois de séculos de uma economia e sociedade construídos com base na violência do trabalho forçado. Foi um longo e conflituoso processo que se prolongou durante toda a monarquia.

O tráfico negreiro, organizado inicialmente pelos portugueses e, depois, praticado também por luso-americanos e brasileiros, transportava milhares de pessoas da África para serem vendidas como escravas no Brasil. Durante séculos, raras foram as vozes, entre os homens livres, que criticaram ou contestaram a escravidão. A situação só começaria a mudar, lentamente, no decorrer do século XIX.

INGLATERRA CONTRA O TRÁFICO

Desde antes da independência brasileira, no início do século XIX, a Inglaterra exerce forte pressão pelo fim do tráfico negreiro. Usando a diplomacia e, em último caso, a força, valendo-se do seu poder econômico, político e militar, exigia dos países escravistas a interdição do tráfico praticado por seus cidadãos e em seu território. Não era a escravidão que a Inglaterra combatia, mas o tráfico. No entanto, o fim do comércio negreiro atlântico, para os países escravistas, colocava em risco a continuidade da própria escravidão.

Por que interessava a Inglaterra extinguir o tráfico negreiro? Havia, de um lado, a pressão da crescente opinião pública britânica que condenava a escravidão como uma violência intolerável contra seres humanos, mas essa não era a única motivação do governo inglês. Talvez nem a mais importante. Acabar com o tráfico negreiro era uma estratégia importante para os interesses britânicos na África. Não se tratava ainda de uma política de ocupação colonial de partes do continente, que ocorreria apenas nas últimas décadas do século XIX. No alvorecer daquele século, os ingleses viam na África a possibilidade de produção de produtos primários que abasteceriam sua indústria. O tráfico surgia, então, como um poderoso obstáculo. Ao longo de centenas de anos, os traficantes construíram uma extensa rede de alianças políticas e econômicas com lideranças africanas para abastecer o comércio de escravos no continente. Trocavam armas, tabaco e cachaça por escravos capturados em guerra pelos aliados africanos. Nem a essas lideranças nem aos traficantes interessava que a Inglaterra ampliasse sua influência na região, pois afetaria o negócio tão rentável. Assim, opunham obstáculos aos britânicos, que, por sua vez, passaram a combater vigorosamente o tráfico negreiro. Uma política que objetivava extinguir a demanda, de modo a desmantelar a rede montada pelos traficantes na África.

A Inglaterra condicionou o reconhecimento da independência do Brasil à assinatura de um tratado que proibisse o tráfico negreiro em direção às costas brasileiras. Em 1826, o governo de D. Pedro I assinou o tratado.

Seus termos previam não só a proibição do tráfico de escravos africanos para o Brasil, mas também o direito da Inglaterra de participar da repressão àqueles que continuassem a realizá-lo. O tratado autorizava a Marinha britânica a capturar navios de bandeira brasileira que fossem utilizados no tráfico, e sua tripulação seria julgada por uma comissão mista, formada por juízes brasileiros e ingleses. Uma comissão instalada no Rio de Janeiro e outra em Serra Leoa, colônia britânica na África.

A assinatura do tratado foi motivo de intensa oposição no Brasil, como visto no capítulo "Uma nova nação, um novo Estado". No Parlamento, deputados e senadores discursavam contra a medida. Argumentavam que era um suicídio econômico, pois a economia brasileira dependia inteiramente do trabalho escravo. Admitiam até a possibilidade do fim do tráfico em um futuro incerto, desde que antes se tomassem providências para encontrar trabalhadores que substituíssem os escravos. Essa posição evidenciava a percepção da elite brasileira que o fim do tráfico impedia a continuidade da própria escravidão.

As críticas não se restringiam ao aspecto econômico do problema. Os parlamentares denunciavam o atentado que o tratado representava para a soberania nacional, uma vez que permitia que ingleses capturassem navios do Brasil e julgassem cidadãos brasileiros. E, além disso, acusavam o governo de ignorar o Parlamento, pois este não fora consultado antes da assinatura do tratado. Por ser fonte normativa, o tratado criava legislação, no caso sobre o tráfico negreiro, e esta era uma prerrogativa do Parlamento. Em 1826, quando o Legislativo procurava afirmar seu protagonismo no interior da monarquia, deputados e senadores reivindicavam seu direito de participar de decisão que traria consequências de grande impacto para o país.

Apesar das duras críticas, o tratado entrou em vigor no prazo previsto, em 1830. A essa altura, intensificava-se o conflito entre a maioria da elite política e o imperador, que resultou na sua abdicação em 1831. Mas mesmo depois da deposição de D. Pedro não havia condições políticas para anular o tratado, o que significaria enfrentar a poderosa potência inglesa. Diante do que parecia inevitável, o fim do tráfico, o Parlamento brasileiro promulgou uma lei, ainda em 1831, que o proibia. O objetivo, já que a percepção era de que o tráfico iria acabar, era preservar a soberania brasileira. Sua extinção deveria ser resultado de uma lei nacional, promulgada pelo Parlamento, e sua repressão deveria ficar a cargo das autoridades brasileiras. Para se sobrepor ao tratado que continuava vigente, a lei era ainda mais abrangente do que as cláusulas acordadas com os ingleses. Previa a repressão do tráfico no litoral do país, a prisão dos traficantes e compradores, a serem processados e condenados em instâncias nacionais.

Os traficantes, contudo, empenharam-se em escapar da proibição e da repressão e desenvolveram estratégias para burlar ingleses e autoridades brasileiras. Conseguiram manter o tráfico de escravos entre África e Brasil.

112 HISTÓRIA DO BRASIL IMPÉRIO

A diferença era que, a partir de 1830, a atividade tornara-se ilegal e continuava na forma de contrabando. Após uma queda do volume de escravos que entravam no Brasil nos primeiros anos da década de 1830, a quantidade de africanos que desembarcavam nas costas brasileiras trazidos por traficantes voltou a crescer, atingindo níveis similares a antes da proibição.

A repressão da Marinha inglesa se mostrou ineficaz. Segundo os dados disponíveis, entre 1831 e 1835 entraram no Brasil 26 mil escravos, uma queda drástica em relação ao período de 1826 a 1830, quando mais de 292 mil africanos foram trazidos ao país na condição de escravos. A capacidade dos traficantes de retomarem o comércio negreiro na forma de contrabando é indicada pela entrada de escravos africanos no período entre 1836 e 1840, cerca de 200 mil. Um volume próximo ao dos desembarques anteriores ao início da vigência do tratado com a Inglaterra e da promulgação da lei de 1831. Desse total, cerca de 176 mil foram para a cafeicultura em São Paulo e Rio de Janeiro. A expansão cafeeira criava uma demanda que alimentava o contrabando negreiro, ao arrepio de tratados e leis. Por ser realizado na ilegalidade e ser obrigado a se esquivar da ação repressiva da Marinha inglesa, o tráfico ficou mais oneroso e, consequentemente, os escravos ficaram mais caros. A alta rentabilidade da cafeicultura conferia aos fazendeiros do Rio de Janeiro e São Paulo capacidade financeira para arcar com a alta do preço de escravos e, assim, alimentar o contrabando negreiro.

A continuidade do comércio de escravos africanos indicou à elite política – deputados, senadores, ministros – que era possível atuar no sentido de perpetuar o tráfico. Se em 1831 seus membros acreditavam na inevitabilidade do fim dessa atividade, poucos anos depois constataram ser possível sua manutenção, de modo que buscaram mecanismos para sua preservação. Políticos defendiam a revogação da lei de 1831, diante da sua ineficácia. No Parlamento, cresciam as críticas à interferência inglesa em nome da defesa da soberania nacional. As autoridades fechavam os olhos ao tráfico ilegal.

EM NOME DA SOBERANIA: ENFRENTAMENTO COM A INGLATERRA

O tratado assinado com a Inglaterra expirou em 1844 e o governo brasileiro, apesar da pressão britânica, recusou-se a renová-lo. A posição oficial

O FIM DA ESCRAVIDÃO **113**

adotada pelo Brasil foi a de que a repressão ao tráfico era uma questão interna, na qual não cabia ingerência estrangeira. A lei de 1831 foi usada como justificativa para não renovar o tratado, uma vez que a proibição e a repressão ao tráfico já eram objeto de legislação nacional. Em defesa da soberania, o governo brasileiro alegava que não era admissível renovar um tratado pelo qual a Inglaterra poderia capturar navios e julgar cidadãos do país. O governo tomava a decisão de enfrentar a maior potência internacional em nome da soberania, mas também, embora declarasse seu compromisso de fazer valer a lei de 1831, na expectativa de manter em atividade o contrabando de escravos.

A Inglaterra, que até então usara os meios diplomáticos, mudou de estratégia. Por não confiar que o governo brasileiro de fato se empenharia em extinguir o tráfico negreiro, o Parlamento britânico aprovou em 1845 uma lei, conhecida como Bill Aberdeen, que declarava ser o tráfico negreiro pirataria e, portanto, sujeito à repressão da Marinha inglesa, independentemente de tratados com o governo brasileiro. A lei autorizava a força naval britânica a capturar navios negreiros não só em alto-mar, como previa o tratado de 1826, mas também aqueles ancorados em portos brasileiros.

O governo do Brasil fez protestos públicos dirigidos ao governo britânico, alegando que o Bill Aberdeen agredia o direito internacional, na medida em que usava de um artifício para justificar a agressão a navios brasileiros. O governo brasileiro argumentava que, expirado o tratado de 1826, não fora possível renová-lo ou assinar outro em razão das exigências britânicas de que novos itens fossem incluídos para ampliar a repressão.

Uma vez que havia expirado o tratado anterior e sem um novo acordo, cessava o direito dos britânicos de apreender navios brasileiros e julgar cidadãos brasileiros. Sem um tratado, esses atos eram, à luz do direito internacional, agressão beligerante. Com esse argumento, o governo brasileiro protestava contra o Bill Aberdeen acusando-o de infringir as normas internacionais e agredir a soberania brasileira. O comércio no território brasileiro e por navios de bandeira brasileira era matéria de competência da legislação nacional. Se infringissem a lei, como a de 1831, os infratores deveriam ser julgados pelas autoridades do país e não por estrangeiros.

No protesto formal que encaminhou ao governo inglês, o governo brasileiro insistia que a agressão à soberania nacional abria precedente que ameaçava as normas que regiam as relações entre as nações:

114 HISTÓRIA DO BRASIL IMPÉRIO

> Neste ato que acaba de passar como lei, impossível é deixar de reconhecer esse abuso injustificável da força que ameaça os direitos e regalias de todas as nações livres e independentes [...]. Se essa violência se coonesta atualmente com o grande interesse de reprimir o tráfico de escravos, inquestionável é que os fins não podem justificar a iniquidade dos meios que se empregam, nem será para admirar que, sob pretexto que outros interesses que possam criar-se, a força e a violência venham a substituir no tribunal das nações mais fortes, os conselhos da razão e os princípios do direito público universal, sobre os quais devem repousar a paz e a segurança dos Estados.

Ao assinar o tratado de 1826 e promulgar a lei de 1831, o Brasil reconhecia que o tráfico negreiro deveria ser ilegal e reprimido, com a responsabilização criminal dos traficantes. Mas, ao apresentar o problema como questão nacional, atacava a iniciativa britânica, indicando como mais grave e fundamental o respeito à soberania. Se o tráfico era tipificado como um crime, nos argumentos brasileiros contra o Bill Aberdeen o ataque à soberania era um mal maior, pois colocava em risco as regras que preservavam a ordem mundial. Não era a primeira vez que eram utilizados princípios caros ao liberalismo ocidental para defender tráfico e escravidão. Princípios como o direito à propriedade, a não intervenção do Estado no mercado e outros eram usados pelos escravistas em favor da escravidão.

Apesar dos protestos, a Marinha britânica começou a capturar navios brasileiros ancorados nos portos nacionais. Diante dessa ação, a discussão sobre o tráfico assumiu novo contorno. O governo brasileiro não tinha condições militares de reagir com sucesso ao que era considerada uma agressão britânica ao território brasileiro. O debate sobre a defesa da soberania nacional adquiriu novo conteúdo. Para defendê-la, a alternativa que se apresentava era ceder e extinguir o tráfico. Desse modo, cessaria o aprisionamento de navios brasileiros por ingleses.

Em 1850, quando os conservadores estavam no ministério, uma de suas principais lideranças, Eusébio de Queiroz, então ministro da Justiça, propôs projeto, aprovado pelo Parlamento, que extinguia o tráfico negreiro. Estratégia também defendida por outro importante líder conservador, o ministro dos Negócios Estrangeiros, Paulino José Soares de Souza, visconde do Uruguai. Embora estivesse em vigência a lei promulgada em 1831, bastando garantir sua efetiva aplicação, a promulgação de uma nova lei pode ser explicada por duas razões. Primeiro, era uma forma de dar alguma aparência de que a extinção do tráfico era decisão interna e não apenas resultado da pressão britânica. Segundo, criar instrumentos mais rigorosos de repressão para que o governo pudesse efetivamente agir contra o tráfico.

Traficantes fizeram algumas tentativas de manter o contrabando de escravos, mas não contavam mais com a complacência do governo brasileiro. O tráfico foi efetivamente reprimido e o último desembarque de que se tem notícia ocorreu em 1854. Tinha fim o tráfico de escravos africanos para o Brasil. A escravidão continuaria sendo a principal forma de trabalho no país, mas sem contar com um fluxo sistemático de novos braços para as fazendas.

O impacto maior foi para a cafeicultura, em especial a do Centro-Oeste de São Paulo, porque estava em fase de expansão em direção ao Oeste. Em outras regiões, como na cafeicultura do vale do Paraíba e nos engenhos de açúcar da Bahia e de Pernambuco, o efeito demoraria mais a ser sentido, pois contavam com grande quantidade de escravos e não estavam em expansão. Com o passar dos anos, contudo, a falta de fornecimento de escravos acabaria também por atingi-las.

PRIMEIROS PASSOS DO MOVIMENTO ABOLICIONISTA

Após o fim do tráfico, os cafeicultores, tanto de São Paulo como do vale do Paraíba, recorreram à compra de escravos em território brasileiro. Fazendeiros das províncias do Norte em dificuldades econômicas, pela perda de competitividade do açúcar no mercado externo, pela perda do mercado africano para o tabaco que produziam, destinado a adquirir escravos na África, passaram a vender escravos para o Sul. Tinha início outro tipo de tráfico negreiro, um tráfico interno, que ficou conhecido como tráfico interprovincial. Com ele, houve deslocamento de grande população escrava do Norte para o Centro-Sul e a concentração nessa região de boa parte dos escravos do país.

A questão da escravidão saiu da pauta política e durante algum tempo não voltou a ser debatida. Na segunda metade da década de 1860, contudo, o tema retornou ao centro das discussões nacionais. Começava a se organizar um movimento em defesa da abolição da escravidão. Intelectuais, profissionais liberais, trabalhadores urbanos questionavam sua continuidade. Uma mudança havia se operado lentamente na mentalidade predominante no mundo ocidental. Vozes contra a escravidão, antes isoladas, tornaram-se cada vez mais potentes e contavam com a adesão de setores expressivos. Não era mais considerada legítima, nem sequer tolerável, como fora em outros tempos, a violência contra seres humanos reduzidos à condição de escravos. No Brasil, essa opinião pública encontrou eco em setores urbanos, sensíveis às denúncias dos horrores da escravidão.

Nas cidades, a experiência concreta de atividades próprias de centros urbanos e maior acesso à informação do que na zona rural propiciavam o surgimento de ideários distintos, nos quais predominava o anseio pela modernização do país. Os escravos estavam presentes nas cidades, onde eram explorados de diversas formas. No entanto, a partir do final da década de 1860, as transformações no cenário urbano propiciaram mudanças na percepção sobre a escravidão. Como resultado de investimentos do capital inglês e nacional houve crescente modernização na infraestrutura, como no transporte e no abastecimento de água, e com eles novos grupos de profissionais surgiram: engenheiros, condutores de bondes, operários etc. Outras atividades ganharam maior dimensão. Um número crescente de jornalistas, tipógrafos, advogados e médicos povoava as cidades. Os meios de comunicação com outros países tornaram-se mais rápidos e eficientes, com os navios a vapor e, depois, o telégrafo, acelerando a troca de ideias. Nesse contexto, a escravidão foi se tornando sinônimo de um arcaísmo desumano e um obstáculo à construção de um país moderno.

O movimento abolicionista se organizou a partir do final da década de 1860, impulsionado por transformações de vulto, externas e internas. Em primeiro lugar, a escravidão não apenas foi objeto de repulsa na opinião pública internacional, como também estava sendo abolida nos demais países. Nos Estados Unidos, a abolição só se concretizou após uma cruenta guerra civil, que se iniciou em 1861 e terminou só em 1865, com milhares de mortes, dilacerando o país. A defesa da escravidão nos estados do Sul norte-americanos e a decisão do governo em aboli-la, apoiada pelos estados do Norte, estavam na origem da guerra. Era um exemplo do que poderia advir da continuidade da escravidão. Um exemplo que se tornou temido no Brasil, inclusive porque o tráfico interprovincial havia resultado em um desequilíbrio da concentração regional de escravos. A população escrava diminuía no Norte e crescia no Sul – na cafeicultura do Vale do Paraíba, do Oeste Paulista

O FIM DA ESCRAVIDÃO **117**

e na Zona da Mata mineira. Com a vitória dos abolicionistas na guerra dos Estados Unidos, em 1865, apenas o Brasil e Cuba, então colônia espanhola, continuavam a explorar o trabalho escravo. E em Cuba a escravidão também estava sendo questionada. O Brasil via-se na iminência de ser o único país no mundo ocidental a admitir a escravidão.

Fator decisivo para colocar em pauta a discussão sobre a permanência ou não da escravidão foi a ação dos próprios escravos. Na segunda metade do século XIX, houve o crescimento do número de revoltas escravas. Os escravos foram importantes atores na luta por sua liberdade. A revolta dos Malês em 1835, por seu grau de organização e pela disposição de enfrentamento com as autoridades, já indicava que a ação dos escravos na luta pela sua liberdade mudava paulatinamente de conteúdo. Não se restringia à fuga, mas à contestação da própria existência da escravidão.

Por fim, também na arena política a percepção sobre a continuidade da escravidão se modificava. No Parlamento, alguns políticos introduziram o debate. Projetos de lei começaram a ser elaborados. Membros do Partido Liberal aderiam à defesa da abolição. Aos poucos, setores moderados do Partido Conservador também enfrentaram o tema e assumiram a necessidade de resolver a questão. No entanto, havia muitos que ainda a defendiam, em particular os conservadores da ala regressista.

Mudança no contexto externo, maior mobilização dos escravos, surgimento de novos atores a partir da urbanização, divisões na elite política, essas foram as condições para, no final da década de 1860, o movimento abolicionista se organizar e se amplificar. Todos esses elementos se articulavam. O movimento abolicionista atuava de acordo com a conjuntura política, em confronto com escravistas, em alianças com políticos abolicionistas, ocupando o espaço público, tanto a rua, a imprensa, como a participação em eleições. Também se articulava a mobilizações de escravos, principalmente a partir da década de 1880, em ações de enfrentamento com proprietários e com autoridades policiais.

LEI DO VENTRE LIVRE: A ABOLIÇÃO GRADUAL

A defesa do fim da escravidão, ao final da década de 1860, teve como bandeira a emancipação gradual, mirando-se no exemplo de outros países como Chile, Argentina, Venezuela, entre outros, e que estava em debate na Espanha como política para Cuba. O cerne desse projeto era considerar livres todos os filhos nascidos de mães escravas, a chamada "libertação do ventre". Sem a entrada de escravos pelo tráfico e com a libertação dos filhos de escravas, restavam aqueles que já eram escravos. O tempo de suas vidas seria o prazo para o fim da escravidão, por isso uma emancipação gradual.

A libertação do ventre se tornou plataforma de parcelas do Partido Liberal. Também alguns conservadores a defendiam. Em 1867, o membro do Partido Conservador, Agostinho Perdigão Malheiro, jurista de grande expressão, publicava seu livro *A escravidão no Brasil*, no qual analisava a escravidão do ponto de vista jurídico e propunha uma Lei do Ventre Livre. Em janeiro de 1864, Zacarias de Gois era o chefe do gabinete da Liga Progressista. Pertencia a uma associação antiescravista e, como advogado, atuara nos tribunais em defesa de alforria de escravos. Como ministro e chefe do gabinete, acenou para a necessidade de debater o fim da escravidão. Mas seu ministério teve duração de apenas alguns meses e, por isso, faltou-lhe tempo para propor medidas concretas. De qualquer forma, a emancipação gradual entrava no debate político.

Em 1866, D. Pedro II, na tradicional manifestação que fazia ao Parlamento no início da sessão anual, assumiu que não era mais possível ignorar o problema, indicando a necessidade de enfrentar o tema. O Brasil encontrava-se em guerra com o Paraguai. Um momento, portanto, a princípio desfavorável para introduzir uma questão tão polêmica e de grandes consequências, como a do fim da escravidão. Mas a própria guerra apontava para a necessidade de tratar do problema. A mobilização de grande contingente de soldados que se fazia necessária encontrava obstáculo no fato de que parte da população, por ser escrava, não era recrutável. Além disso, o envio de tropas para a guerra externa significava fragilizar a capacidade interna de manter a ordem.

Em 1867, quando Zacarias de Gois era novamente o chefe de gabinete, o ministério apresentou na Câmara um projeto de lei que tinha como eixo a libertação do ventre. Mas a resistência era grande. Foi longo o debate sobre a escravidão no Parlamento. Muitos ainda a defendiam com o argumento de que seu fim seria uma espécie de suicídio econômico, pois a economia brasileira dela dependia. De outro lado, a causa humanitária e o progresso fundamentavam o discurso dos defensores da abolição. A tensão política se aprofundava. Em 1868, a ala escravista do Partido Conservador assumiu o ministério com o visconde de Itaboraí à frente. Os liberais reagiram fortemente à queda do gabinete do qual faziam parte e à nomeação de um ministério da ala dos conservadores regressistas. Criticavam o imperador e os conservadores. Na oposição, transformaram a demanda por reformas em sua principal arma política. Entre elas, estava o projeto de Lei do Ventre Livre.

As associações abolicionistas que haviam se organizado em diversas províncias viram nos liberais um aliado dentro do quadro institucional. Nesse momento, era um movimento abolicionista restrito aos setores urbanos e à parte da elite política. Foi nesse contexto que apareceram alguns líderes e porta-vozes do abolicionismo. Castro Alves recitava poesias em saraus em defesa do ventre livre. Foi também a partir de 1868 que o engenheiro André Rebouças se engajou no movimento. Filho de notório político, Antônio Rebouças, tornar-se-ia uma das principais vozes do abolicionismo.

Em 1870 foi aprovada na Espanha a lei que determinava a libertação, em Cuba, dos filhos nascidos de escravas e dos escravos maiores de 60 anos, com indenização dos proprietários. O Brasil isolava-se. No ano seguinte assumiu o gabinete o visconde de Rio Branco, conservador da ala moderada. Rio Branco enviou à Câmara o projeto que havia sido apresentado em 1867, com algumas poucas modificações. Entrava oficialmente em debate no Parlamento um projeto que previa a emancipação gradual, tal como reivindicava o abolicionismo desses anos e de cuja necessidade liberais e conservadores moderados estavam convencidos. Iniciativa do Executivo que respondia a demandas que vinham de setores da sociedade, além de políticos de ambos os partidos. Como afirmou Rio Branco, em favor desse projeto havia "essa força invisível, mas poderosa, a da opinião pública", que se manifestava, entre outras, pelas associações abolicionistas. Vinte e cinco associações abolicionistas se formaram em diversas províncias, entre 1869 e 1871.

Segundo esse projeto, seriam livres os filhos nascidos de mães escravas. Previa ainda a indenização aos proprietários pela perda que resultaria da liberdade dos filhos de suas escravas, até então também sua propriedade. Dessa forma reconhecia-se a legitimidade jurídica da escravidão, pois os proprietários deveriam ser compensados pela perda que lhes era imposta pelo Estado. Foram contempladas duas alternativas de indenização. Os proprietários podiam escolher entre entregar ao governo os filhos de suas escravas, quando completassem oito anos, em troca de uma quantia em dinheiro. Ou podiam manter esses filhos nas fazendas trabalhando até completarem 21 anos. Nessa

120 HISTÓRIA DO BRASIL IMPÉRIO

segunda alternativa, os próprios libertos indenizariam os proprietários com o seu trabalho, pelo qual nada receberiam. Eram livres juridicamente, mas na prática seriam escravos até completarem a idade prevista.

Estabelecia o projeto que o escravo que dispusesse a quantia necessária para comprar sua liberdade poderia fazê-lo independentemente da vontade do proprietário, que seria obrigado a aceitar. E criava um fundo de dinheiro público, o Fundo de Emancipação, com rendas provenientes de impostos e loterias, para que o Estado pudesse comprar escravos com o objetivo de libertá-los. Terceiros também poderiam fazê-lo, o que abria caminho para a ação das sociedades abolicionistas. Por fim, impunha restrições aos castigos físicos.

A emancipação gradual foi a fórmula adotada para acabar com a escravidão da forma menos onerosa possível para os proprietários. Primeiro porque eram indenizados. Segundo porque contariam ainda por décadas com o trabalho dos escravos. Também era o encaminhamento considerado mais seguro, tendo em vista uma questão central para a elite que teve de enfrentar o debate sobre a escravidão. Qual destino teria os escravos libertados? Como aquela sociedade extremamente hierarquizada assimilaria um imenso contingente de ex-escravos como cidadãos? A resposta da Lei do Ventre Livre era garantir que os libertos ficassem sob a tutela dos proprietários ou do Estado. Libertos, mas não livres nem cidadãos. A tutela do Estado se estendia também sobre aqueles que se tornavam livres com a idade de 21 anos, depois de indenizar o proprietário com seu trabalho. Durante cinco anos, esses libertos ficariam sob inspeção do governo, a quem deveriam periodicamente comprovar que trabalhavam sob um contrato de prestação de serviço. Se não o fizessem, seriam considerados "vadios" e compulsoriamente empregados em estabelecimentos públicos.

Mesmo esse projeto encontrou forte resistência no Parlamento. Além dos argumentos de ordem econômica, políticos escravistas afirmavam que o projeto de lei, se aprovado, introduziria o caos no país. Consideravam que as medidas propostas reconheciam ser o escravo um sujeito portador de direitos, o que abalava a autoridade dos seus proprietários. Não aceitavam o fato de que a lei introduzia a novidade de o Estado mediar e arbitrar as relações entre proprietários e escravos. Utilizavam ainda argumentos pretensamente humanitários, pois, diziam, ao libertar os filhos de escravas, a lei transformava em uma desvantagem para os proprietários a gravidez de suas escravas e o nascimento de seus filhos. Por isso apelidaram o projeto de "Lei de Herodes".

Entre os argumentos que foram utilizados por defensores e opositores do projeto da Lei do Ventre Livre, foi frequente a associação do escravo com a barbárie. Para os críticos da lei, a escravidão era um meio de civilizar os escravos, já que os colocava em convivência com os brancos e fazia com que fossem catequizados. Ainda havia aqueles que afirmavam que as condições de vida dos escravos, por serem cuidados pelos seus senhores, eram melhores do que as dos operários europeus.

Os defensores da libertação do ventre usavam o mesmo argumento, o da barbárie, com outro conteúdo. Alertavam para o fato de que a condição de escravo impedia a civilização desses indivíduos, e a convivência com os brancos teria o que consideravam um efeito perverso. Os escravos bárbaros é que poderiam influenciar os brancos e não o contrário. Retomavam argumentos já utilizados décadas antes por José Bonifácio e outros defensores da abolição. Esse é um exemplo de como os argumentos humanitários daquela época não tinham conteúdo semelhante às visões predominantes atuais. Não havia uma identificação com os escravos, embora fosse apontada a crueldade da escravidão. O distanciamento entre elite branca e escravos era profundo. Mesmo os defensores da abolição os identificavam como bárbaros. Isso quando não usavam o argumento da defesa da ordem, ameaçada pela possibilidade de revoltas escravas. Acabar com a escravidão era uma medida apresentada como necessária para civilizar a população e garantir a ordem interna.

Ao final de setembro de 1871, o projeto foi aprovado, conhecido como Lei do Ventre Livre. A votação foi tensa e dividiu os parlamentares. A divisão ocorreu nos dois partidos e foi também regional. A maioria dos votos a favor veio dos deputados do Norte e a maior resistência foi feita pelas bancadas das províncias do Sul. A razão era justamente a maior concentração de escravos nessa região.

LUTA CONTRA A ESCRAVIDÃO

Com a aprovação da Lei do Ventre Livre, a expectativa no interior da elite política era de que a questão da escravidão fosse considerada resolvida. Afinal, ela estabelecia para o futuro o seu fim. Bastava aguardar o transcorrer do tempo. No entanto, não foi isso que aconteceu. A aplicação da lei foi problemática. Em primeiro lugar, a grande maioria dos proprietários optou por

122 HISTÓRIA DO BRASIL IMPÉRIO

manter os filhos nascidos de suas escravas trabalhando até completar 21 anos, o que significou que a lei não teve impacto imediato significativo. Além disso, muitos proprietários a burlavam ao não registrar os filhos de escravas nascidos após sua promulgação, negando-lhes a liberdade a que tinham direito. O governo, por sua vez, não foi bem-sucedido na compra de escravos para libertá-los. O fundo criado para esse fim era muito reduzido, restringindo a ação do governo. Os proprietários também criavam obstáculos, estabelecendo preços muito altos para seus escravos e vendendo ao governo apenas aqueles de idade avançada que não eram, por isso, muito produtivos.

Embora de difícil execução, a lei era um instrumento jurídico que podia ser utilizado contra os proprietários. Além de obrigá-los a registrar os filhos de escravas, proibia também o castigo físico excessivo, estabelecendo limites às punições que os senhores podiam infligir aos seus escravos, proibindo, ainda, a separação das famílias. Quando um escravo era vendido, se fosse casado, seu cônjuge e os filhos menores de 12 anos teriam que ser também vendidos para a mesma pessoa. Abriam-se brechas na relação escravista, inclusive o recurso ao Judiciário. O escravo podia, por exemplo, reivindicar na justiça, através de um representante legal, a compra de sua alforria. Podia também recorrer ao Judiciário em casos de castigos considerados excessivos. O proprietário não era mais o dono inconteste da vida e da morte de seus escravos. O Estado se interpunha ao reconhecer alguns direitos aos escravos que caberia ao próprio Estado proteger.

Claro está que era muito difícil para um escravo ter condições para recorrer à justiça contra seu proprietário. Mas a existência de um movimento abolicionista em expansão oferecia a possibilidade de alguns poucos conseguirem concretizar suas reivindicações no Judiciário. Advogados, rábulas, escrivães e simpatizantes esforçavam-se para defender os escravos nos tribunais, levantavam fundos para a compra de escravos para em seguida libertá-los e, ao mesmo tempo, dispunham-se a esconder escravos fugidos.

Nesse contexto, sobressaiu-se Luís da Gama. Sua mãe era negra livre e seu pai homem livre branco. Nasceu livre, mas aos 10 anos, em 1840, foi vendido como escravo pelo próprio pai para saldar dívidas de jogo. Depois de oito anos, Luís da Gama reconquistou a liberdade e se dedicou à causa abolicionista. Sem conseguir cursar a Faculdade de Direito, aprendeu na prática o ofício, tornando-se o que então era chamado de rábula, um leigo com autorização de participar de processos judiciais no papel de advogado. Luís da Gama representou escravos nos tribunais, usando a Lei do Ventre Livre e a Lei de 1831. Conforme cada caso, alegava em juízo que o escravo havia sido trazido da África depois da promulgação da lei de 1831 e, portanto, tinha direito à liberdade, ou apresentava depoimentos de médicos abolicionistas para provar que o escravo tinha sofrido castigos excessivos, proibidos pela lei de 1871. Reivindicava também o direito do escravo de poupar para compra da própria alforria. Calcula-se que libertou cerca de 500 escravos. E não foi o único. Dezenas de advogados abolicionistas faziam o mesmo.

No fim dos anos 1860, o abolicionismo ganhava uma nova voz, também de origem humilde como Gama. E também como ele, filho de liberta. O pai era vigário, o que fazia dele filho ilegítimo. José do Patrocínio usou o jornalismo como sua forma de intervenção. Com o tempo, apostou na mobilização popular. Opção que acompanhava a expansão do movimento abolicionista, no final da década de 1870, transformando-se em movimento nacional com diversificada extração social.

O movimento abolicionista crescia em mobilização. Ganhava novos adeptos, intensificava e ampliava sua manifestação em esferas públicas, tanto em jornais como em atos em teatros, na rua, no Parlamento. Na década de 1880, tornou-se um movimento nacional de grande visibilidade.

OS ESCRAVOS EM AÇÃO

Ao mesmo tempo, as ações de escravos em defesa de sua liberdade mudavam de conteúdo. Cientes de que a legitimidade da escravidão estava em debate, reivindicavam a abolição em revoltas organizadas, fugas, criação de novos quilombos. O volume crescente dessas ações, o aumento significativo de fugas e revoltas colocavam em xeque os mecanismos vigentes de controle social. A dificuldade dos senhores em reprimir de forma eficaz seus escravos gerava medo e foi decisiva para que muitos deles se convencessem da impossibilidade de permanência da escravidão.

Exemplo dessas sublevações foi a rebelião dos 120 escravos de uma fazenda em Campinas, em 1882. Com garruchas, foices e enxadas enfrentaram o proprietário e seus empregados, aos gritos de "Mata branco" e "Viva a liberdade". Saíram da fazenda e se dirigiram para a cidade. No trajeto,

124 HISTÓRIA DO BRASIL IMPÉRIO

espalharam pânico entre a população livre. Ao final, 74 escravos foram presos. O que chama atenção nessa revolta são dois fatores. Em primeiro lugar, a disposição de enfrentamento dos revoltosos. Depois, sua organização. Ao que tudo indica, os rebeldes de Campinas organizaram previamente a revolta e estavam em contato com escravos de outras fazendas que também tinham plano para rebelar-se. À frente da revolta havia lideranças reconhecidas pelos escravos, como Felipe Santiago. Rebeliões escravas organizadas se seguiram a de Campinas. Fragilizavam os instrumentos de controle pelos senhores e desafiavam a continuidade da escravidão.

Ainda em 1882 há registros de várias outras revoltas escravas na região da cafeicultura de São Paulo: em Araras, Amparo, São João da Boa Vista e Itatiba. Indicação de que a revolta em Campinas não era um fator isolado e que os escravos se tornavam atores definitivos no processo de abolição da escravidão. Evidenciavam erosão da capacidade de controle pelos senhores e a fragilidade do aparato repressivo policial. Na mesma proporção que aumentavam as revoltas e como seu resultado direto, crescia no interior da elite o temor do caos social, da quebra da ordem pública, da ocorrência de revoltas generalizadas. Na década de 1880, a ação dos escravos em luta por sua liberdade tornava-se um elemento central na discussão sobre a opção gradualista ou a abolição imediata.

RADICALIZAÇÃO DO MOVIMENTO ABOLICIONISTA

Várias frentes surgiram na luta pela abolição. Conforme o movimento abolicionista ganhou força, foi deixando de ser apenas de elite. Diversos setores sociais dele participavam. As dificuldades em aplicar a lei que libertava o ventre e a urgência em superar a escravidão colocaram em pauta a abolição imediata.

A Lei do Ventre Livre virou objeto de crítica. O movimento abolicionista reivindicava a abolição imediata, sem indenização dos proprietários, e a adoção de medidas que garantissem a integração dos libertos na sociedade. A questão sobre o destino dos escravos e a forma de inseri-los na sociedade era abordada de nova maneira pelos abolicionistas. A tutela prevista pela lei do Ventre Livre, afirmavam, apenas tornaria mais difícil a integração plena dos ex-escravos. Em vez de tutela, exigiam medidas como fornecer meio de subsistência e acesso à educação. André Rebouças, por exemplo, defendia uma espécie de reforma agrária que garantisse meios de subsistência aos escravos libertos.

Também no interior da elite algumas vozes se levantaram para defender a abolição imediata, sem indenização e a adoção de medidas que garantissem a integração social e econômica dos ex-escravos. Entre eles estava Joaquim Nabuco, filho de Nabuco de Araújo, senhor de engenho de Pernambuco e um importante político do Segundo Reinado. Nabuco elegeu-se deputado pelo Partido Liberal e foi uma das principais lideranças do abolicionismo parlamentar. Em 1882, publicou um opúsculo intitulado *O abolicionismo*, no qual faz a defesa de sua perspectiva sobre a abolição da escravidão. Em primeiro lugar, como outras lideranças da década de 1880, exigia a abolição imediata, sem indenização aos proprietários, em oposição à abolição tal como prevista pela Lei do Ventre Livre. O movimento abolicionista era para ele

> [...] uma terceira oposição à escravidão; desta vez, não contra os seus interesses de expansão, como era o tráfico, ou as suas esperanças, como a fecundidade da mulher escrava, mas diretamente contra as suas posses, contra a legalidade e a legitimidade dos seus direitos, contra o escândalo da sua existência em um país civilizado e a sua perspectiva de embrutecer o ingênuo na mesma senzala onde embrutecera o escravo.

As críticas à Lei do Ventre Livre tomaram forma no repúdio à existência de escravos e à indenização dos proprietários. Por duas razões. Primeiro porque os abolicionistas não reconheciam a legitimidade da escravidão, de modo que consideravam inaceitável que o Estado indenizasse proprietários. Em segundo lugar, argumentavam que, ao prever uma indenização pela qual o liberto passava 21 anos na condição de escravo, a lei permitia que futuros cidadãos fossem criados na escravidão. Como poderiam se integrar como homens livres aos 21 anos se conheciam apenas a vida como escravos? A crítica era também ao gradualismo. Conforme crescia o repúdio à escravidão, repugnava também aos abolicionistas o seu fim gradual, que era visto por eles como mera postergação. Se a escravidão era ilegítima, não se justificava outra forma de abolição que não a imediata. Por fim, insistiam que o governo não

126 HISTÓRIA DO BRASIL IMPÉRIO

assumira a tarefa de oferecer condições sociais e materiais para integrar os escravos que conquistavam a liberdade.

Em lado oposto estavam os defensores da Lei do Ventre Livre. Na década de 1880, a questão que dividia os dois lados em disputa era a estratégia de como abolir a escravidão, não havia mais condições de defesa de sua manutenção indefinidamente. De um lado, defensores da emancipação gradual, com indenização aos proprietários e libertos mantidos sob tutela, de outro, defensores da abolição imediata sem indenização e com medidas para integrar os libertos na sociedade.

O movimento abolicionista, na década de 1880, já claramente comprometido com a abolição imediata, diversificava sua atuação. Apoiava nas eleições candidatos abolicionistas, geralmente do Partido Liberal. Atuava também em ações que extravasavam o quadro institucional. Em São Paulo, por exemplo, um grupo chamado de Caifazes organizava fugas de escravos e criou o quilombo Jabaquara para abrigá-los.

Os caminhos a serem adotados na luta contra a escravidão criavam divergências entre os abolicionistas. Joaquim Nabuco explicitou em seu pequeno livro em defesa da abolição sua visão de que acabar com a escravidão era tarefa dos legisladores do império, lei a ser aprovada no Parlamento. Uma ruptura de grande impacto, mas que deveria se dar nos quadros institucionais da monarquia. Segundo ele

> A propaganda abolicionista, com efeito, não se dirige aos escravos. [...] A escravidão não há de ser suprimida no Brasil por uma guerra servil, muito menos por insurreições ou atentados locais. Não deve sê-lo, tampouco, por uma guerra civil, como o foi nos Estados Unidos. [...] A emancipação há de ser feita, entre nós, por uma lei que tenha os requisitos, externos e internos, de todas as outras. É assim, no Parlamento e não em fazendas ou quilombos do interior, nem nas ruas e praças das cidades, que se há de ganhar, ou perder, a causa da liberdade.

A estratégia defendida por Nabuco era restringir a luta contra a escravidão às instituições monárquicas, em especial o Parlamento. Transformação dentro da ordem que marcou a ação da elite no decorrer da monarquia. Na contramão dessa posição estavam os escravos que se rebelavam e grupos abolicionistas como os Caifazes paulistas que se articulavam aos escravos na luta pela liberdade.

Outro exemplo de mobilização contrária à perspectiva parlamentar de Nabuco foi o movimento dos jangadeiros no Ceará. Eram homens pobres que faziam o transporte entre o porto de Fortaleza e as grandes embarcações que não conseguiam nele ancorar. Transportavam os escravos vendidos aos cafeicultores até os navios que os levariam para o Sul. Em 1881, recusaram-se a continuar a fazê-lo. Cruzaram os braços, para usar um termo contemporâneo. Eram liderados pelo pardo Francisco José do Nascimento, o Chico da Matilde, prático-mor do porto, que posteriormente receberia a alcunha de Dragão do Mar, e pelo negro liberto Antônio Napoleão, que havia conseguido juntar o suficiente para comprar a própria alforria. Agiram em articulação com uma sociedade abolicionista que havia pouco tinha sido fundada na cidade, a Sociedade Libertadora Perseverança e Porvir. Sua recusa em transportar escravos inviabilizava um rentável negócio para proprietários do Ceará, o tráfico interprovincial. Diante da decisão dos jangadeiros, conforme noticiou na época o jornal *O Libertador*, "os negreiros recorreram a todos os expedientes: oferecimento, promessas, suborno, ameaças; tudo, tudo foi baldado". Os jangadeiros mantiveram seu movimento, de modo que, seis meses depois, o porto de Fortaleza foi fechado para o embarque de escravos. O movimento dos jangadeiros estimulou a ação dos abolicionistas no Ceará que compravam escravos para libertá-los. Sua mobilização teve tal envergadura que em 1884 o governo do Ceará aboliu a escravidão na província.

ABOLIÇÃO IMEDIATA

Em 1885, depois de mais uma acirrada discussão no Parlamento, foi aprovada nova lei que procurava fortalecer a opção pela emancipação gradual. Conhecida como Lei dos Sexagenários, previa que todos os escravos que atingissem 60 anos fossem libertados. Em tese, era uma forma de abreviar o prazo para o fim da escravidão. Mantinha a opção pela indenização e por manter os libertos sob tutela, pois a lei determinava que os escravos, depois de completarem 60 anos, deveriam trabalhar para o proprietário

128 HISTÓRIA DO BRASIL IMPÉRIO

por mais três anos. A lei tinha por objetivo ainda tornar mais eficazes as medidas previstas na Lei do Ventre Livre. Por exemplo, definia o preço do escravo a ser comprado pelo governo através do Fundo de Emancipação e, assim, impedir que os proprietários estabelecessem preços abusivos. Também ampliava as fontes de recursos para o Fundo.

No entanto, a política gradualista fora colocada em xeque pela ação do movimento abolicionista e dos escravos. Em 1886, por exemplo, o delegado de polícia de Santos registrava em telegrama enviado ao chefe de polícia o temor gerado por constantes tumultos e manifestações populares nas ruas da cidade:

> Estado da cidade em completa desordem. Um grupo de mil pessoas, entre elas 500 pretos armados de paus e revólveres, reuniram-se na tipografia do *Diário de Santos*, onde houveram discursos e vivas à República e à Sociedade Abolicionista. Percorreu as ruas com aclamações e distúrbios. Polícia ameaçada, tencionavam atacar a cadeia e quartel.

Ao final da década de 1880 um novo fator pesou sobre o debate público. Os cafeicultores do Oeste Paulista haviam encontrado no imigrante europeu um substituto dos escravos. Por esse motivo não se engajavam mais, como antes, na defesa da escravidão. Acossado pelo movimento abolicionista, pela crescente tensão provocada pelas revoltas escravas e ao perder uma das principais bases de apoio para uma política gradualista, o governo decidiu encampar a proposta de abolição imediata sem indenização dos proprietários. Em 1888, então, era promulgada a chamada Lei Áurea. Foi uma vitória parcial de abolicionistas e escravos. Decretava o fim imediato da escravidão no Brasil sem indenização aos proprietários, mas não previa nenhuma medida para integrar social e economicamente os ex-escravos. Não existiria mais tutela, mas também não haveria distribuição de terras ou acesso à educação como queriam os abolicionistas. Os escravos tornavam-se homens livres, sem, contudo, poderem contar com qualquer apoio para integrar-se a uma sociedade que fora moldada por séculos de escravidão e não estava disposta a oferecer oportunidades para a nova população de negros livres.

IMIGRANTES PARA SUBSTITUIR ESCRAVOS NA CAFEICULTURA

Antes mesmo que fosse aprovada, em 1850, a lei que extinguia o tráfico negreiro, cafeicultores de São Paulo, cientes de que isso acabaria acontecendo, tomaram a iniciativa de encontrar um substituto para o escravo. Optaram pela utilização de imigrantes de outros países. Naquele momento, a aposta nos imigrantes lhes parecia a melhor alternativa por duas razões. Em primeiro lugar, não abriam mão dos escravos que possuíam, de modo que tinham que encontrar em novos grupos sociais a fonte para ampliação de fornecimento de mão de obra. Como a cafeicultura do Oeste Paulista estava em expansão, o recurso ao tráfico interprovincial era insuficiente. Em segundo lugar, estava a dificuldade em garantir que os homens livres pobres brasileiros se dispusessem a trabalhar de forma sistemática nas fazendas, ao lado dos escravos. Na sociedade escravista, o trabalho manual feito para um patrão era considerado extremamente humilhante, porque aquele que assim vivesse se equiparava aos escravos. Os homens livres pobres preferiam buscar outras alternativas de sobrevivência. A economia e a sociedade operavam com uma lógica que não era a do trabalho assalariado.

As primeiras tentativas para trazer imigrantes para as fazendas de café foram iniciativas de um importante cafeicultor e político, Nicolau de Campos Vergueiro. Para suas fazendas no Oeste Paulista contratou alemães e suíços. Não se tratava, contudo, de trabalho assalariado. As condições da época impunham outra forma de contrato.

De um lado, havia a necessidade de criar condições atraentes para que cidadãos de outros países se dispusessem a migrar para o Brasil. Crises econômicas e políticas levaram a que habitantes de vários países da Europa se dispusessem a migrar para a América. Mas sua preferência eram os Estados Unidos, que gozavam da fama de ser uma terra de oportunidades para todos que lá chegassem. Era preciso convencer os potenciais migrantes a virem para o Brasil ao invés de irem para os Estados Unidos. Além disso, havia outra questão a ser resolvida. Uma vez que de início o número de imigrantes seria restrito, frente às necessidades da cafeicultura, era vantajoso encontrar meios para estimular sua produtividade.

Para responder a essas condições, a fórmula adotada por Vergueiro tinha por base justamente criar esses estímulos. Em vez de um salário, Vergueiro oferecia um contrato de parceria. O imigrante receberia 50% dos lucros obtidos com a venda do café produzido por ele, empréstimo para pagar a passagem para o Brasil e para os gastos enquanto não recebesse o primeiro pagamento.

A partir de 1847, Vergueiro trouxe alemães e suíços para suas fazendas com contratos de parceria. A experiência foi inicialmente exitosa, a ponto de outros cafeicultores se interessarem por adotar o mesmo modelo em suas fazendas. Em poucos anos, no início da década de 1850, várias fazendas contavam com trabalhos de imigrantes europeus, com contratos de parceria.

▶ Poucos anos depois, a experiência de contratos de parceria começou a sofrer uma série de problemas. Os colonos frustravam-se com o não atendimento de suas expectativas iniciais. Depois de chegarem às fazendas, demorava muito tempo, entre a produção e a comercialização do café, para que recebessem o primeiro pagamento. Com isso, a dívida com o fazendeiro se avolumava. Quando recebiam o rendimento obtido com o café cultivado, praticamente nada lhes restava depois de quitar a dívida. Eram então obrigados a se endividar outra vez. Desiludidos, dedicavam-se cada vez menos ao trabalho no cafezal. Desconfiavam de que eram enganados pelos fazendeiros, que lhes remunerava com menos do que deveriam receber. Se houve casos de burla pelos fazendeiros, essa não foi a regra. A eles interessava que os imigrantes fossem estimulados a produzir, por isso não valia a pena roubar-lhes o rendimento devido. Os fazendeiros identificavam na dívida o obstáculo para a eficácia daquele modelo de contratação.

Ao final da década de 1850, os contratos de parceria foram abandonados pelos cafeicultores. O fracasso da experiência foi para eles um importante aprendizado. Para que fosse possível substituir os escravos por meio da imigração, os estímulos precisavam funcionar. E, para tanto, era necessário que os imigrantes não ficassem sujeitos a dívidas que não conseguiam saldar. A solução seria o financiamento da imigração pelo governo. Impossível para os fazendeiros, o governo poderia utilizar recursos públicos para pagar as passagens para o Brasil, o sustento inicial dos imigrantes, sem que eles tivessem que devolver o dinheiro.

Na década de 1880, o governo de São Paulo assumiu os custos para trazer imigrantes para a cafeicultura. Atendeu ao anseio dos fazendeiros, destinando parte do orçamento provincial para financiar a vinda de imigrantes em larga escala. Milhares de imigrantes vieram para São Paulo, atraídos pelas novas condições oferecidas. A grande maioria era composta de italianos que fugiam da crise econômica na Itália. Sem o peso de uma dívida inicial e graças ao grande contingente que o governo era capaz de financiar, essa nova fórmula deu os resultados esperados.

A monarquia e seus vizinhos

A política externa brasileira durante a monarquia privilegiou alguns temas, considerados ao longo do século XIX de maior importância para a afirmação dos interesses do novo Estado.

O período de construção do Estado nacional e de organização da monarquia correspondeu ao esforço em negociar faixas de fronteira em disputa com os países vizinhos. Nesse caso estavam, ao Norte, trechos da fronteira com a Bolívia, Peru, Venezuela, Guiana Inglesa e Guiana Francesa, e, ao Sul, com o Paraguai e com a Argentina. A maioria dos litígios só foi resolvida no século XX, já sob o regime republicano. Mas as negociações durante o Império estabeleceram as bases para essas futuras resoluções.

Além das disputas com a Inglaterra em torno do tráfico negreiro, no centro da política

132 HISTÓRIA DO BRASIL IMPÉRIO

exterior brasileira da monarquia estavam as relações do Brasil com os países da região do Prata, que correspondem atualmente à Argentina, Uruguai e Paraguai. Como se verá a seguir, estava em jogo aspectos importantes para a vitória e consolidação do projeto de Estado nacional com soberania sobre a América lusitana.

OPOSIÇÃO ENTRE
PROJETOS DE ESTADOS NACIONAIS NO PRATA

O território platino foi colonizado pela Espanha, em meio a disputas com Portugal, que desejava expandir sua colônia até as margens do rio da Prata. Na divisão administrativa do período, a região correspondia ao Vice-reinado do Prata, que incluía também a atual Bolívia. Nas primeiras décadas do século XIX, ocorreram na América ibérica as independências em relação a Portugal e Espanha, o que significava o início de um longo processo de construção de Estados e de nações, marcado por conflitos e disputas entre diferentes projetos nacionais. Na região do Prata, por onde passa o rio de mesmo nome, de grande importância para a circulação de mercadorias, o confronto entre projetos nacionais que se opunham resultou em sangrentas guerras, alianças e negociações que se prolongaram ao longo dos oitocentos.

As três mais importantes, do ponto de vista do Brasil, foram a Guerra da Cisplatina (1825-1828), a Guerra Grande (1839-1852) e a Guerra do Paraguai (1865-1870). Para compreendê-las, torna-se necessário analisar as disputas entre os diversos projetos de nação. O caso da América portuguesa já foi analisado anteriormente. Resta, contudo, analisar como esse processo esteve associado à região do Prata.

A partir da independência no Vice-reinado do Prata, a elite de Buenos Aires, capital do antigo Vice-reinado, acalentava a perspectiva de transformá-lo em um só país sob sua direção. Encontrou resistência de outras regiões. No Paraguai prevaleceu a concepção de que a independência em relação à Espanha era também a conquista da sua soberania, recusando-se a se sujeitar a Buenos Aires. Uma expedição militar foi enviada pelo governo portenho para impor a subordinação do Paraguai. A vitória no campo de batalha possibilitou que em 1811 o Paraguai declarasse sua independência de Madri e de Buenos Aires. O novo Estado adotou como regime a república presidencialista. A partir de 1813, Gaspar Rodríguez de Francia assumiu a presidência, tornando-se, na prática, um ditador. Governou o Paraguai até sua morte em 1840, isolando o país de modo a impedir qualquer tentativa de anexação por Buenos Aires.

No Alto Peru, atual Bolívia, as forças militares portenhas enfrentaram tropas leais à Espanha, que não aceitavam a independência. Mais uma vez derrotados, retiraram-se, de modo que a luta pela independência da Bolívia foi travada por forças locais. Vitoriosas, dirigiram a construção do novo país.

Assim, já de início, o projeto de unidade do Vice-reinado do Prata, sob a direção de Buenos Aires, foi parcialmente derrotado com a perda do Paraguai e da Bolívia. Restava, no entanto, a região que hoje corresponde à Argentina e Uruguai. Nela a disputa se dava em outros termos. No atual Uruguai, então chamado de Banda Oriental, a principal liderança era José Gervásio Artigas. Dispunha-se a negociar a formação de um só país, desde que organizado sob a forma de uma confederação. Isso significava alto grau de autonomia das partes que a comporiam, com governos próprios e sem interferência da capital. Portanto, com um governo central fraco em termos de poder decisório, o que não agradava a elite portenha.

Buenos Aires e Montevidéu eram os dois principais portos da região, a porta de entrada pelo oceano, em uma época em que todo o comércio exterior era realizado pelos navios que singravam o Atlântico. Posição estratégica que fortalecia ambas as cidades por onde era escoada a produção da principal atividade econômica da região: a exportação de carne e couro. As províncias de Entre Ríos, Corrientes e Santa Fé, também com uma economia baseada na pecuária e na exportação de seus derivados, dependiam desses portos. A confederação tal como proposta por Artigas era atraente para suas elites que a ela aderiram, uma vez que preservariam assim um alto grau de autonomia.

Na Banda Oriental, contudo, as tropas leais à Espanha mobilizaram-se na luta contra a independência. Nesse contexto, o governo português, instalado no Rio de Janeiro desde 1808, invadiu a região em apoio aos espanhóis em 1811. Com a continuidade da luta pela independência, novamente as tropas portuguesas invadiram a Banda Oriental em 1816, vencendo definitivamente as forças locais. Em 1821, oficializou sua anexação à América portuguesa sob o nome de Cisplatina. Mais uma derrota do projeto de unidade de Buenos Aires que perdia a Banda Oriental.

A invasão portuguesa tinha duas razões. Em primeiro lugar, evitar que a luta pela emancipação política na região vizinha contaminasse o território luso-americano. O segundo objetivo era a materialização de antiga ambição portuguesa: que seu território na América se estendesse até as margens do rio da Prata. Desse modo, novas oportunidades econômicas se abririam.

O projeto de unidade de Buenos Aires chocou-se com a resistência de elites locais e com os interesses do Rio de Janeiro. Sem abandonar o projeto inicial, a elite portenha empenhou-se em garantir a unidade do que restava do Vice-reinado do Prata. Nesse caso, a principal disputa se deu em torno da forma de organizar o novo país. As lideranças de Entre Ríos e Corrientes, entre outras, exigiam que fosse adotada a federação, de modo a preservar sua autonomia, enquanto em Buenos Aires prevalecia um projeto de um regime político com centralização do poder decisório nas mãos dos portenhos. Ao mesmo tempo Buenos Aires não desistira do Paraguai, considerado província rebelde, e estava disposta a reconquistar a Banda Oriental.

Com a independência brasileira em 1822, o projeto de unidade da América portuguesa em um só país passou a pautar a posição do Rio de Janeiro na região. A manutenção da Cisplatina, em oposição a Buenos Aires, era a defesa de parte integrante do território do novo império. Preservar a Cisplatina era fundamental também para impedir a possibilidade de eventual perda de outras regiões: Mato Grosso e Rio Grande do Sul. A livre navegação do Prata, a partir do porto de Montevidéu, era essencial para a comunicação do Rio de Janeiro com o centro do império, o Mato Grosso. Em relação ao Rio Grande do Sul, sua elite tinha interesses econômicos na Cisplatina e atendê-los era vital para a adesão dos rio-grandenses ao império.

A LUTA PELA CISPLATINA

A Banda Oriental tinha como principal atividade a pecuária, que alimentava um rico comércio de couros e abastecia as charqueadas. Nestas eram produzidas a carne salgada, consumida principalmente por escravos. Desse modo, o charque tinha no Brasil seu maior mercado.

Do ponto de vista de Buenos Aires, incorporar a Banda Oriental ampliaria e fortaleceria sua economia que tinha basicamente as mesmas características. Havia a conjugação entre a ambição política de sediar uma grande República no Prata, sob a direção de Buenos Aires, com o interesse econômico: uma grande República rica em pecuária, couro e charque. Além disso, anexar a Banda Oriental à Argentina significava a nacionalização do rio da Prata, cujas duas margens e seus dois portos principais, Montevidéu e Buenos Aires, pertenceriam a um só país, garantindo seu controle pelos portenhos. O domínio sobre os dois portos era ainda vantajoso para Buenos Aires nas disputas com Entre Ríos e Corrientes. Dependentes de acesso a um porto para escoar sua produção, teriam que se submeter a Buenos Aires, uma vez que a capital controlasse também Montevidéu.

Para o Rio de Janeiro, a questão econômica era igualmente importante. Nesse caso, eram os interesses econômicos do Rio Grande do Sul que estavam em jogo. A província também tinha como principal atividade a pecuária e a produção de charque. A anexação da Banda Oriental não só fortalecia essa atividade, como ainda garantia que a região não competisse com o charque rio-grandense pelo mercado brasileiro. Como parte do império, estava sujeita às mesmas regras tributárias que as charqueadas do Rio Grande. Caso se tornasse independente ou integrasse a Argentina, a Banda Oriental poderia se beneficiar de políticas que lhe permitissem comercializar o charque a preços mais vantajosos e mais competitivos no mercado brasileiro.

A razão principal do interesse rio-grandense, contudo, era que, depois da anexação, os produtores da província expandiram suas propriedades para a Cisplatina. Estima-se que em 1825 cerca de 30% das suas terras pertenciam a rio-grandenses, que praticamente controlavam todo o norte cisplatino. Nessas propriedades foram estabelecidas estâncias onde era criado gado para abastecer as charqueadas do Rio Grande do Sul. Perder a Cisplatina, portanto, para esses produtores significava perder suas propriedades. Assim, para o Rio de Janeiro o projeto político de um império unificado entrelaçava-se com a questão econômica. Manter o Rio Grande do Sul no império, evitando movimentos separatistas na província, passava por atender a seus interesses na Cisplatina.

O Rio de Janeiro também se opunha às pretensões de Buenos Aires devido ao seu interesse em relação à navegação do Prata. Para a vitória de

136 HISTÓRIA DO BRASIL IMPÉRIO

seu projeto de nação importava garantir a livre navegação do rio, que era a forma mais eficiente e segura de comunicação com a região central do império, o Mato Grosso. As viagens por terra, feitas em tropas de mula, eram muito longas e perigosas. Sem a navegação fluvial para ligar o Mato Grosso à capital, o risco era o seu isolamento e eventual separação.

Embora em um primeiro momento a província da Cisplatina tenha afirmado seu pertencimento ao Brasil, com a adesão à sua independência e o juramento da Constituição de 1824 pelo governo de Montevidéu, em 1825 teve início o movimento pela sua emancipação. Liderado por Juan Antônio Lavalleja, antigo seguidor de Artigas, o movimento rapidamente se alastrou pela Cisplatina, principalmente depois da adesão de um influente caudilho local, Fructuoso Rivera. Os rebeldes contavam com apoio decisivo de Buenos Aires. Em outubro de 1825, o Congresso reunido em Buenos Aires declarou a incorporação da Banda Oriental às Províncias Unidas do Rio da Prata, nome de então da atual Argentina, e comunicou a decisão ao Rio de Janeiro. Era a declaração de guerra. Afinal, Buenos Aires pretendia incorporar território que pertencia ao Brasil.

O governo brasileiro atribuía o movimento de independência às maquinações e ardil de Buenos Aires, que promovia o levante para se apossar da província. Depois de diversas tentativas fracassadas de se apropriar da Cisplatina, Buenos Aires havia, segundo manifesto do governo brasileiro, se declarado

> Comprometido por quantos meios estiverem a seu alcance a acelerar a evacuação dos pontos militares ocupados pelas armas brasileiras. Por esta forma o governo de Buenos Aires abertamente e sem rebuço patenteia a sua resolução de invadir o território brasileiro.

Conhecida no Brasil como Guerra da Cisplatina, o confronto estendeu-se até 1828. Com pesadas perdas para ambos os lados. Nenhum dos dois antagonistas tinha condições de sustentar a guerra por muito mais tempo. Por isso, aceitaram as gestões diplomáticas inglesas para negociar um acordo de paz.

O prolongamento da guerra contrariava os interesses comerciais britânicos no rio da Prata. A paz era vital para a continuidade dos negócios. Daí o empenho da Inglaterra em obtê-la. O acordo proposto pelos britânicos, assinado por Buenos Aires e Rio de Janeiro em agosto de 1828, tornava a Cisplatina um país independente. Nascia a República do

Uruguai. Não pertenceria nem ao Brasil nem às Províncias Unidas do Rio da Prata. Depois de três anos de guerra, nenhum dos dois saía vitorioso. O que traria consequências negativas para ambos.

Buenos Aires perdia o controle da navegação rio-platense e Montevidéu tornava-se um porto alternativo para Entre Ríos e Corrientes, fortalecendo-as na disputa com a capital e suas pretensões centralizadoras. Além disso, era mais uma derrota do projeto da construção de uma grande Argentina. Depois de perder o Paraguai e a Bolívia, perdia definitivamente a antiga Banda Oriental.

Para o Rio de Janeiro, a perda era de uma província estratégica, tanto pelo acesso ao Prata como pelos interesses rio-grandenses. No caso destes últimos, viram suas propriedades na antiga Cisplatina sujeitas às leis de um país estrangeiro. Quanto ao acesso ao Prata, para superar as dificuldades de comunicação com o Mato Grosso, era agora preciso negociar a navegação do rio por navios brasileiros com o governo uruguaio e o portenho. Uma derrota, depois do pesado ônus da guerra, que contribuiu para o desgaste político interno de D. Pedro I e que colocava em risco o projeto nacional do império. Abria a possibilidade de revoltas separatistas de uma elite rio-grandense descontente e o isolamento do Mato Grosso poderia resultar em sua perda.

O acordo de 1828 não foi o fim dos conflitos na região. O embate entre projetos de Estados em construção permanecia e o palco da disputa continuava a ser o Uruguai, como país independente.

CONFEDERAÇÃO ARGENTINA

As Províncias Unidas do Rio da Prata constituíam um aglomerado de províncias em disputa sobre a possibilidade de organização de um só país. Foram realizados diversos congressos, negociadas constituições, sem que, no entanto, a unificação avançasse significativamente. Entre Ríos e Corrientes aceitavam o pertencimento ao país com sede em Buenos Aires, principalmente porque dependiam do seu porto. Mas a condição era a adoção de um sistema federal que lhes garantisse autonomia e parte das rendas do porto, principal fonte de arrecadação tributária. As negociações foram longas, difíceis e conflituosas.

138 HISTÓRIA DO BRASIL IMPÉRIO

Entre 1810 e 1820, houve seis governos em Buenos Aires que tentaram a unificação sem sucesso. Entre 1824 e 1827, um Congresso Constituinte esteve reunido na tentativa de aprovar um projeto que atendesse às diversas províncias. Instaurou em 1826 um Poder Executivo nacional com sede em Buenos Aires, elegeu como presidente Bernardino Rivadávia e, no mesmo ano, aprovou uma constituição. Em meio à guerra com o Brasil, era um esforço no sentido de consolidar o novo país. No entanto, ao fazer concessão aos dois lados, a Constituição foi rechaçada por ambos. De um lado, previa um governo centralizado em Buenos Aires, sem consagrar o grau de autonomia desejado pelas demais províncias. De outro, repartia entre elas as rendas do porto, o que desagradou profundamente os portenhos. Rivadávia acabou por renunciar à presidência em 1827, sendo também dissolvido o Congresso.

Novas tentativas de acordo foram feitas. Em 1831, foi selado o Pacto Federal e foi adotado o nome Confederação Argentina. Buenos Aires era a capital, sob a presidência do caudilho Juan Manoel de Rosas que desde 1829 governava a província e tornava-se, em 1831, presidente nacional. Apesar de pertencer ao Partido Federalista, na prática governou de forma centralizada, aproveitando-se do controle sobre o porto. Negava a autonomia demandada pelas demais províncias. Sob o governo de Rosas, a Confederação Argentina continuava a ser um aglomerado de províncias que não chegavam a um acordo que permitisse a sua unificação como nação.

Ao mesmo tempo, o governo portenho acalentava o projeto da grande Argentina. O Paraguai continuava sendo, dessa perspectiva, uma província a ser anexada. Em relação ao Uruguai, mantê-lo sob a influência de Buenos Aires era considerado vital para impedir que Montevidéu se tornasse um porto alternativo para Entre Ríos, Corrientes e Santa Fé, que se ressentiam de seu governo centralizador.

A GUERRA GRANDE

Para o Rio de Janeiro, o Uruguai continuava também importante. De um lado, havia os interesses dos rio-grandenses que lá tinham propriedade, de outro, a necessidade de acesso à navegação do Prata. Embora não acalentasse projetos de anexação, tornava-se estrategicamente necessário um governo uruguaio alinhado ao Brasil.

A MONARQUIA E SEUS VIZINHOS *139*

Depois da independência, no Uruguai formaram-se dois partidos, o Blanco e o Colorado, que disputavam acirradamente a presidência e o poder em eleições e, algumas vezes, pelas armas. Para fortalecerem-se, buscaram alianças externas com atores ansiosos por influírem na política uruguaia. Os blancos alinharam-se com Rosas, enquanto os colorados fizeram aliança com seus adversários: os caudilhos de Entre Ríos e Corrientes. A elite do Rio Grande do Sul tornou-se também aliada dos colorados. As disputas políticas do novo país se internacionalizaram, e isso ocorreu justamente porque a região era palco de projetos antagônicos de Estados.

O governo brasileiro optou, de início, pela neutralidade. Interessava preservar a independência do Uruguai em relação a Buenos Aires, por isso não podia confiar nos blancos. Tampouco os colorados pareciam confiáveis, pois, liderados por Fructuoso Rivera, também acalentavam o seu próprio projeto nacional, um grande Uruguai que incluiria Entre Ríos e Corrientes, mas também o Rio Grande do Sul. Além disso, a eclosão da Revolta Farroupilha nessa província, em 1835, obrigava o Rio de Janeiro a concentrar forças para derrotar os separatistas.

Em 1839, uma nova e longa guerra alastrou-se pelo Uruguai. Os blancos, liderados por Manoel Oribe, com apoio militar de Rosas, entraram em confronto com os colorados, que, na pessoa de Rivera, ocupavam a presidência. Em meados da década de 1840, as tropas de Oribe e Rosas controlavam praticamente todo o Uruguai, enquanto os colorados permaneciam sitiados em Montevidéu. Oribe controlava inclusive o Norte, onde estavam as propriedades rio-grandenses.

Dois anos depois do fim da Farroupilha, em 1847, a elite rio-grandense pressionava o governo brasileiro para intervir na guerra. A posição oficial de neutralidade era contestada, tendo em vista a política de Oribe nos territórios por ele ocupados. Ele adotou medidas contrárias aos interesses dos rio-grandenses, como tributar a exportação de gado, ou seja, o gado criado nas estâncias uruguaias de propriedade dos rio-grandenses para abastecer as charqueadas do Rio Grande do Sul. Havia ainda outros interesses dos proprietários rio-grandenses, cujo atendimento dependia da boa vontade do governo uruguaio. Um deles era que não fosse adotada uma política de pesada taxação ou mesmo de tentativa de nacionalização das propriedades de rio-grandenses no Uruguai. O outro dizia respeito

140 HISTÓRIA DO BRASIL IMPÉRIO

aos escravos. A escravidão foi abolida no Uruguai em 1842. Isso colocava dois problemas para os proprietários rio-grandenses. Em primeiro lugar, queriam usar nas suas estâncias do Uruguai o trabalho escravo, tal como o faziam no Brasil. O que significava transgredir a lei do país. Queriam também ter o direito de capturar escravos fugidos do Rio Grande do Sul que conseguissem transpor a fronteira e entrar no Uruguai. O problema era que, como não havia escravidão no Uruguai, uma vez no país tornavam-se homens livres e não podiam ser capturados. Também nesse ponto, os rio-grandenses demandavam um tratamento especial, ou seja, que não tivessem que se sujeitar às leis uruguaias. Os colorados, em nome de uma aliança que os fortalecia, se dispunham a atender a essas demandas. Os blancos tinham posição contrária. Por isso, era vital para charqueadores e estancieiros rio-grandenses que os colorados vencessem a guerra.

O governo brasileiro resistia em romper a neutralidade por desconfiar das forças em conflito. Durante a Farroupilha, os rebeldes chegaram a ter contato com os colorados para negociar uma eventual aliança, o que os tornava suspeitos aos olhos do Rio de Janeiro. Inconformados, os rio-grandenses, ao mesmo tempo que pressionavam o governo brasileiro, passaram à ação. A partir de 1848, um importante caudilho da província, barão de Jacuí, mobilizou e liderou tropas locais para entrarem no Uruguai. Promoveram seguidas incursões militares, conhecidas como califórnias, para lutar contra os blancos, trazer gado para o Rio Grande do Sul e capturar escravos fugidos. Criava-se uma situação de extrema tensão, na qual o governo do Brasil tinha uma posição de neutralidade, enquanto forças brasileiras participavam da guerra à sua revelia.

A pressão se dava também no Parlamento. Em 1851, Cruz Seco, deputado pelo Rio Grande do Sul, discursou em plenário e procurou convencer os demais deputados da situação alarmante em que se encontrava a economia rio-grandense como resultado das medidas de Oribe:

> Todos sabem que os súditos brasileiros que possuem fazendas no Estado Oriental e que dali mandavam vender seus gados nos mercados do Brasil para serem manufaturados, hoje não o podem fazer, porque essas estâncias não têm gado algum, estão reduzidas a quase nada. E, demais, ainda está em vigor a ordem proibindo a introdução do gado.

A MONARQUIA E SEUS VIZINHOS **141**

Cruz Seco usava argumentos que estavam presentes nas constantes reclamações dos deputados da Assembleia Provincial do Rio Grande do Sul em relação à posição de neutralidade do Rio de Janeiro. Nesses argumentos, procurava apresentar o problema como sendo nacional e não apenas da província, de modo a cobrar do governo brasileiro uma intervenção que seria de interesse nacional. Nesse sentido, insistia que a ação de Oribe impedia a produção do charque do qual o mercado brasileiro necessitava e, mais, que os brasileiros estavam sendo agredidos em seus direitos pela política dos blancos uruguaios.

Em 1851, diante do avanço de Oribe e Rosas e do risco de o Uruguai entrar na órbita de influência de Buenos Aires, além da pressão dos rio-grandenses e sua participação na guerra, o governo brasileiro abandonou a neutralidade e interveio no conflito ao lado dos colorados. O governador de Entre Ríos, Justo José de Urquiza, fez o mesmo. Argentinos lutavam contra argentinos, uruguaios contra uruguaios, brasileiros contra argentinos e uruguaios ao lado de argentinos e uruguaios. Uma guerra civil que se tornara uma guerra internacional como resultado de disputas internas e distintos projetos de Estado.

A entrada de Urquiza e do Brasil resultou em uma reviravolta. Os blancos acabaram sendo derrotados. As tropas de Entre Ríos e brasileiras avançaram para a Confederação Argentina e, em 1852, depuseram Rosas. Urquiza assumiu a presidência, e a capital da Confederação Argentina foi transferida para o Paraná, cidade que era capital de Entre Ríos. Em 1852, o projeto político portenho sofria sua mais dura derrota. Perdeu influência sobre o Uruguai, perdeu a presidência da Confederação e perdeu a capital do país.

Em contrapartida, a vitória era do projeto brasileiro. Em 1851, o governo colorado, depois de vencer a guerra interna, assinou tratados com o Rio de Janeiro que garantiam uma política favorável aos interesses rio-grandenses, com o livre trânsito de gado na fronteira e o direito de capturar escravos fugidos em território uruguaio. Estabelecia também a livre navegação no Prata e selava a aliança entre os dois países. Com Urquiza na presidência, a Confederação Argentina entrava na área de influência brasileira.

UMA TÊNUE ESTABILIDADE

Com a morte de Francia em 1840, a presidência do Paraguai foi assumida por Carlos Lopez. Grande proprietário, manteve o regime ditatorial, exercendo o poder até sua morte, em 1862. Lopez rompeu com o isolamento do país que prevaleceu durante o governo de Francia. Já em 1840, aproximou-se do Brasil e no Uruguai dos colorados. Sua motivação era essencialmente econômica. Com uma economia agrária, cuja principal atividade era a produção de erva-mate, tornava-se necessário, para o crescimento econômico do país, integrar-se ao mercado atlântico. O que só seria possível com acesso ao porto de Montevidéu, já que Buenos Aires considerava o país uma província rebelde. A aproximação com os colorados tinha esse objetivo, enquanto a proximidade com o Brasil foi estratégia para contar com um aliado forte contra eventuais tentativas de anexação por Buenos Aires.

O Brasil tornou-se o fiador da independência paraguaia, reconhecendo-a formalmente em 1844. Opunha-se, assim, oficialmente à posição de Buenos Aires. O fim do isolamento conferiu novas características para a economia do Paraguai. Sua produção integrou-se ao mercado atlântico, de modo que passava a ter na exportação de produtos primários, especificamente a erva-mate, sua principal atividade econômica. Ao mesmo tempo, estabeleceu relações com a Inglaterra consideradas essenciais para o desenvolvimento do país. A partir da década de 1840, a Inglaterra se tornou importante fornecedora de manufaturados, e seus bancos e empresários passaram a financiar e implementar a modernização da infraestrutura paraguaia. Reproduzia-se o mesmo tipo de relação que os demais países da região tinham com a Inglaterra. Internamente, Lopez manteve seu governo ditatorial e uma economia agrária baseada no latifúndio.

Após o fim da guerra em 1852, o Brasil exercia a liderança na região. Os tratados assinados em 1851 com o Uruguai garantiam os interesses brasileiros, mesmo quando os blancos voltaram à presidência. O Paraguai se colocou sob a proteção do Rio de Janeiro e a Confederação Argentina, sob a presidência de Urquiza, alinhava-se ao Brasil. Alianças que foram construídas pelo interesse comum em conter Buenos Aires, mas também por uma política brasileira de aprofundar esses laços com empréstimos aos governos da região. Era a chamada diplomacia do patacão. Nessa época, o patacão era a moeda de maior circulação entre os países do Prata.

A MONARQUIA E SEUS VIZINHOS *143*

No entanto, a paz sob liderança brasileira foi instável. Pouco depois do fim da guerra, os blancos retornaram à presidência e resistiram a ratificar os tratados que haviam sido negociados pelos colorados. Os tratados foram afinal ratificados, mas o contínuo confronto entre blancos e colorados colocou em risco os interesses brasileiros no país. Cerca de 10 anos depois da Guerra Grande, essas disputas novamente se transformaram em confronto armado de grandes proporções.

Na Confederação Argentina, por sua vez, Buenos Aires não aceitou se submeter à presidência de Urquiza, separando-se para formar o Estado de Buenos Aires. O novo governo argentino não podia aceitar a separação, que significava a perda de seu principal porto. Durante anos, houve tensão permanente, até que em 1859 eclodiu a guerra entre a Confederação Argentina e Buenos Aires. Durante todo o período, Urquiza pressionou o Rio de Janeiro para intervir em seu favor, mas o governo brasileiro resistia em envolver-se em mais uma guerra, gerando animosidade do antigo aliado.

As relações entre Brasil e Paraguai também se tornaram foco de tensão. Embora o Paraguai tivesse se colocado sob a influência brasileira para se proteger de possível investida portenha, a derrota de Rosas e o enfraquecimento de Buenos Aires afastavam esse perigo. Dessa forma, a partir de 1852 ganharam centralidade, na relação entre os dois países, divergências que os separavam. Em primeiro lugar, havia uma disputa fronteiriça em terras ricas na produção de erva-mate. Principal atividade econômica do Paraguai, era também atividade importante no Paraná. Ganhar a disputa era de interesse econômico para os dois países.

A segunda razão para a crescente tensão entre Brasil e Paraguai estava também, como acontecera na relação com Buenos Aires, na navegação fluvial. Para estabelecer uma comunicação sistemática entre Rio de Janeiro e Mato Grosso por via fluvial não bastava a navegação do Prata. O caminho incluía a navegação pelos rios Paraná e Paraguai em território paraguaio. A navegação desses rios era considerada crucial pelo governo brasileiro também para que a economia do Mato Grosso pudesse prosperar ao permitir o escoamento de sua produção para o Atlântico e, assim, integrá-la ao comércio externo. Em 1843, quando Pimenta Bueno era representante do Brasil em Assunção, o ministro dos Negócios Estrangeiros Paulino José Soares de Souza enviou-lhe instruções nas quais afirmava:

HISTÓRIA DO BRASIL IMPÉRIO

> A distância que separa a província do Mato Grosso do litoral do Império é tão considerável, exige tanto tempo, tanta abundância de capitais e aumento de população, a construção de estradas e canais pelos quais os seus produtos e comércio possam transpor aquelas imensas distâncias, que fora preciso adiar por séculos a esperança do engrandecimento de um território tão vasto e tão rico em produções naturais, se a natureza não lhe oferecesse nos tributários do [rio] Paraguai e, neste, meios de comunicação mais fáceis e menos dispendiosos e até pelo [rio] Paraná e rio da Prata uma saída pelo Atlântico.

A integração e a economia do Mato Grosso dependiam da navegação desses rios. O governo do Paraguai, contudo, criava obstáculos para a passagem dos navios brasileiros em seu território. Condicionava a autorização à negociação de um acordo sobre a disputa fronteiriça que lhe beneficiasse. O governo brasileiro se recusava a firmar o acordo nos termos desejados pelos paraguaios e insistia no direito de navegação.

Esses conflitos indicavam que o antagonismo entre projetos nacionais subsistia mesmo com a derrota portenha em 1852. E desaguaram em nova guerra envolvendo todos os países da região em 1864. No entanto, houve mudança na forma como as peças do tabuleiro se organizaram.

A GUERRA DO PARAGUAI

Em 1862, os blancos estavam novamente na presidência do Uruguai. Em 1861, expiraram os tratados assinados entre o país e o Brasil em 1851. Fiéis à sua política de taxar a exportação de gado para o Brasil, taxar as propriedades rio-grandenses em seu território, com o objetivo de nacionalizá-las e impedir o uso do trabalho escravo e da captura de escravos fugidos do Rio Grande do Sul, o governo Blanco, com Bernardo Berro à frente, se recusou a renovar os tratados. Adotou uma política que contrariava os interesses rio-grandenses, o que os levou a pressionar o governo brasileiro a intervir no Uruguai para derrubar os blancos e entregar a presidência aos seus tradicionais aliados, os colorados.

Nesse ponto, não havia novidade em relação ao passado: rio-grandenses demandavam do governo brasileiro a intervenção no Uruguai para favorecer os colorados, mais sensíveis às suas pretensões.

As mudanças vinham da Confederação Argentina e do Paraguai. Em 1862, Buenos Aires ganhou a guerra contra a Confederação e o país se reunificou, novamente com a capital em Buenos Aires. A presidência foi assumida por Bartolomé Mitre que conferiu novas diretrizes para a política externa do país. Internamente, prevaleceu o federalismo reivindicado pelas demais províncias, como Entre Ríos e Corrientes, sob o nome que tem até hoje: República Argentina. Mesmo assim, havia o temor de novas convulsões internas. Para consolidar a República Argentina, Mitre abandonou os projetos expansionistas e aproximou-se do Brasil; o fez garantindo a livre navegação no Prata e se comprometendo com a independência do Uruguai e Paraguai.

Além disso, Mitre havia vivido muito tempo no Uruguai como exilado, por pertencer ao grupo adversário a Rosas. Viveu sob a proteção dos colorados, inimigos de Rosas. Tanto por essa razão, como pela aproximação com o Brasil, o governo de Mitre apoiava os colorados no Uruguai. Convergiam os interesses do Brasil e da Argentina. Foi da Argentina que partiram as tropas coloradas, lideradas por Venâncio Flores, em 1864, para invadir o Uruguai e derrubar o governo blanco, que era então presidido por Atanasio Aguirre. Com apoio da Argentina e do Brasil, foram vitoriosos e Flores assumiu a presidência.

O Paraguai, por sua vez, temia por sua independência, diante da aproximação entre Brasil e Argentina. Além dos conflitos com o Brasil, também existiam as disputas fronteiriças com a Argentina e seguia-se acreditando na possibilidade de tentativa de sua anexação pela República vizinha reunificada. Em 1862, com a morte de Carlos Lopez, seu filho, Solano Lopez, assumiu a presidência do Paraguai. O novo presidente, em vista da aliança entre Argentina, Brasil e colorados, firmou uma aliança defensiva com os blancos.

Depois da queda de Aguirre, o Paraguai invadiu o Brasil, mais especificamente o sul do Mato Grosso, no final de 1864. Tinha início a Guerra do Paraguai. Embora o Paraguai fosse um país de dimensões, economia e população bem menores do que Brasil e Argentina, a iniciativa da guerra fazia sentido para o governo paraguaio porque ele tinha o diagnóstico de que, depois de derrotar os blancos, os vizinhos se voltariam contra ele. A invasão era vista como a melhor forma de se defender. A possibilidade de vitória estaria no fator surpresa, mas também no fato de que durante anos o governo paraguaio havia

146 HISTÓRIA DO BRASIL IMPÉRIO

investido na formação de um grande exército profissional, bem treinado, com armas modernas, superior em eficácia em relação aos dos países vizinhos.

No início, a estratégia paraguaia foi vitoriosa. Suas tropas assumiram o controle do sul de Mato Grosso, de onde a população fugiu. As dificuldades das comunicações por terra e a impossibilidade de chegar à província por via fluvial sem passar por território paraguaio deixaram a província praticamente isolada. Meses depois, em abril de 1865, o Paraguai invadiu as províncias argentinas de Corrientes e Missiones. A Argentina entrava na guerra contra o Paraguai.

O Brasil, o governo colorado do Uruguai e a Argentina assinaram o tratado da Tríplice Aliança para enfrentar o Paraguai. O comando das tropas da Tríplice Aliança foi entregue primeiramente a Bartolome Mitre, depois ao brasileiro marquês de Caxias. O Brasil encontrou dificuldade ao enfrentar um Exército profissional, disciplinado, bem treinado e armado como era o paraguaio, porque o governo havia investido prioritariamente na Guarda Nacional, em detrimento do Exército. Composta por cidadãos convocados para pegar em armas quando necessário, não era uma força profissional, enquanto o contingente profissional do Exército era reduzido e mal armado. A disciplina também era um problema. O recrutamento forçado resultava em soldados relutantes em obedecer a ordens ou lutar em guerras.

Para enfrentar o Paraguai, o governo brasileiro teve que fazer grande investimento no seu Exército profissional. Além de adquirir armas, foi preciso ampliar o contingente e dele obter lealdade. Tarefa tornada ainda mais complexa em um país escravista.

Para atingir esse objetivo, o governo contou com uma mobilização da opinião pública. A notícia de que o Brasil havia sido invadido pelo Paraguai teve grande repercussão negativa entre a população. O que tornou possível mobilizar um sentimento patriótico no país. Na imprensa, disseminava-se a ideia de que Solano Lopez era um ditador bárbaro de um país que vivia nas trevas, em comparação com um Brasil civilizado, com um governo legítimo. Os brasileiros eram convocados a defender a honra nacional ultrajada e, depois de expulsar os invasores, derrubar Solano Lopez e levar a civilização ao Paraguai. Um bom exemplo é o seguinte trecho do artigo publicado em dezembro de 1864 no periódico *A Semana Ilustrada*:

A MONARQUIA E SEUS VIZINHOS 147

> Um fato inaudito, da mais feroz selvageria acaba de ser praticado contra a integridade do Brasil! Infame, covarde e traiçoeiramente nossa bandeira é insultada pelo bárbaro e despótico governo do Paraguai, governo indigno de reger os destinos de algum povo neste século onde impera só a luz da razão cultivada.

Para obter o recrutamento em grande escala, sem ter que apelar apenas ao recrutamento forçado, que resultava em soldados indisciplinados e sem disposição para lutar, o governo valeu-se, então, dessa opinião pública indignada com a invasão para impulsionar novas formas de alistamento. Entre elas estavam os corpos de Voluntários da Pátria. Foi grande o número de voluntários que se apresentaram, mas não apenas movidos pelo patriotismo. Eram atraídos também por promessas de terras, empregos públicos e pensões.

Contudo, o prolongamento da guerra, que de início se imaginava que seria rápida, e o grande número de baixas no campo de batalha arrefeceram o ímpeto patriótico e o número de voluntários passou a cair em 1866. O governo continuou a promover recrutamento forçado. Começou também a convocar escravos. Não existem informações sobre o número de escravos convocados, mas a forma como foi realizado esse recrutamento permite lançar a hipótese de que não compuseram uma porcentagem significativa dos soldados que lutavam na guerra. Isso porque foram recrutados, em primeiro lugar, os escravos que eram propriedade do próprio governo, os chamados escravos da nação. Posteriormente, a Igreja foi estimulada a libertar seus escravos para integrarem as tropas. Os escravos de propriedade de particulares só seriam incorporados ao Exército se seus proprietários se dispusessem a vendê-los. Em um contexto no qual os proprietários sofriam o impacto do fim do tráfico negreiro, poucos pareciam dispostos a fazê-lo.

Mesmo que sua participação tenha sido relativamente reduzida, escravos participaram da guerra e, dessa forma, conquistaram sua liberdade. Além deles, havia grande presença de negros e pardos, homens livres que compunham os setores mais pobres da sociedade brasileira e que eram usualmente recrutados à força. Na propaganda da imprensa paraguaia contra o Exército brasileiro, eram publicadas charges nas quais os militares inimigos eram apresentados como macacos, pela grande presença de negros e mestiços.

Os esforços brasileiros em ampliar e fortalecer o Exército deram resultado. O Paraguai passou a sofrer sucessivas derrotas, até que a Tríplice

148 HISTÓRIA DO BRASIL IMPÉRIO

Aliança foi definitivamente vitoriosa, em 1870. O Brasil pôde, então, impor suas demandas ao Paraguai. A região de fronteira disputada pelos dois países foi incorporada ao Brasil. Seus navios obtiveram liberdade para navegar os rios Paraguai e Paraná no território paraguaio. Por fim, o Brasil passou a exercer influência direta na política do Paraguai.

A partir de então, não mais ocorreram conflitos armados na região com participação brasileira. Permaneceu certa rivalidade com a Argentina, mas contida no âmbito da diplomacia.

A POLÍTICA PARA O COMÉRCIO EXTERNO

Em um país com economia exclusivamente agrária, cuja principal atividade era a exportação de produtos primários, o comércio externo era vital. Não apenas pela dependência da exportação, mas também pela necessidade de importar os manufaturados consumidos pela população, dada a ausência de indústrias. Desse modo, eram fundamentais para o Brasil os acordos comerciais com nações estrangeiras.

Entre os acordos firmados, tinha maior relevância o tratado de comércio com a Inglaterra, principal fornecedora de manufaturados para o Brasil. Depois da independência, da mesma forma como fizera em relação ao tráfico negreiro, o governo inglês impôs, como condição para reconhecer o novo país, a assinatura de um acordo comercial pelo qual pagaria 15% sobre o valor das suas mercadorias importadas para o Brasil. Assinado em 1827, favorecia a produção inglesa em detrimento dos interesses do governo brasileiro. Sua força de potência lhe permitiu impor condições favoráveis na assinatura do acordo. O problema era que, em função das características da economia, a principal fonte de financiamento do Estado eram os tributos cobrados sobre a exportação e a importação. Essas eram as atividades mais rentáveis e também de mais fácil taxação. A cobrança de impostos pelo território brasileiro requeria uma burocracia que o Estado em construção ainda não possuía, enquanto os tributos sobre a exportação e importação eram cobrados nas alfândegas, postos restritos que não exigiam uma grande quantidade de funcionários.

Ao aceitar uma taxa baixa para as importações, restava ao governo, para arrecadar os recursos necessários ao financiamento do Estado, aumentar os tributos que recaíam sobre a exportação. Isso significaria aumentar seu preço no mercado externo com eventual desvantagem frente à concorrência.

Por esse motivo, houve no Parlamento grande indisposição em relação a esse e outros tratados semelhantes firmados pelo governo brasileiro com países que também exportavam para o Brasil. Deputados e senadores acusavam os acordos de ferirem o interesse nacional. Aos poucos, disseminou-se entre os parlamentares o que um historiador chamou de doutrina antitratados. Do ponto de vista da maioria da elite política, os tratados com países econômica e politicamente mais fortes que o Brasil seriam sempre desfavoráveis, pois, em posição desigual nas negociações, o país era obrigado a aceitar cláusulas que não atendiam a suas necessidades. Além disso, muitos políticos afirmavam que essas nações interpretavam como bem entendiam os termos dos acordos, e a relação desigual obrigava o Brasil a aceitar essa interpretação mesmo que com ela não concordasse.

Manuel Alves Branco (retratado em litografia de S. A. Sisson, 1861). Membro do Partido Liberal, foi deputado, senador e ministro. Em 1844, como ministro da Fazenda, foi responsável pela elaboração de nova política de impostos sobre a importação. Estabelecia as taxas a serem cobradas pelos diversos produtos estrangeiros que entravam no Brasil e ficou conhecida como Tarifa Alves Branco.

Quando o tratado comercial com a Inglaterra expirou em 1844, essa posição prevaleceu e, da mesma forma como atuou na questão do tráfico negreiro, o governo recusou-se a renová-lo. Mais uma vez, em nome da soberania nacional, o governo enfrentou a pressão britânica. A partir de então, as taxas cobradas pelas mercadorias importadas pelo país seriam definidas no Parlamento e acordos bilaterais só seriam assinados com países vizinhos.

No mesmo ano, em 1844, o Legislativo aprovou uma pauta alfandegária que estipulava valores variados dos produtos importados, independentemente de sua procedência. As taxas variavam entre 2% e 60%, conforme a mercadoria. Por ter sido elaborada quando Manuel Alves Branco era ministro da Fazenda, ficou conhecida como Tarifa Alves Branco. O objetivo era garantir que os impostos sobre importação fossem a principal fonte de financiamento do Estado.

A Tarifa tinha certo caráter protecionista, pois as taxas mais altas (50% e 60%) eram cobradas de produtos produzidos no Brasil, como fumo, açúcar, aguardente. Sobre a maioria dos produtos era cobrada a taxa de 30%. Interessante notar que, quando foi promulgada, ainda estava em curso a Revolta Farroupilha no Rio Grande do Sul. Na raiz do descontentamento dos rio-grandenses, entre outros motivos, estava a concorrência do charque proveniente do Uruguai. Exigiam do governo uma política protecionista com a cobrança de tarifas alfandegárias que tornassem o produto uruguaio mais caro e, por isso, menos competitivo. A Tarifa Alves Branco determinava a cobrança de 25% para o charque importado, valor superior ao pago até então, mas bem inferior ao que passaria a ser cobrado de outras mercadorias que competissem com a produção brasileira. Essa opção foi a escolhida porque interessava aos fazendeiros do país manter baixos os preços do charque que usavam para alimentar seus escravos. Além disso, o charque do Rio Grande do Sul não era suficiente para abastecer o mercado brasileiro.

Com a Tarifa Alves Branco, a arrecadação proveniente dos tributos que incidiam sobre a importação cresceu significativamente. Por outro lado, resultava em aumento do custo de vida, pois a alta nos impostos alfandegários era passada para o preço das mercadorias importadas consumidas pela população brasileira, que não tinha outro meio de obter manufaturados.

Alguns historiadores apontam que a Tarifa Alves Branco era também protecionista, no sentido de elevar as taxas alfandegárias cobradas de determinados manufaturados, de modo a estimular a indústria nacional. Estratégia que foi largamente utilizada no Brasil muito depois, ao longo do século XX, na industrialização do país. Essa afirmação encontra amparo no texto introdutório da lei aprovada no Parlamento e que apresentava os novos impostos sobre importação como forma de estimular:

> Os capitais nacionais e estrangeiros que queiram empregar-se dentro do país em manufaturas para que temos matérias-primas em abundância, e impondo às estrangeiras de idêntica natureza direitos que contrabalancem as vantagens que elas tiverem sobre nossas mercadorias da barateza de capitais e de salários.

Reconhecia-se que as manufaturas importadas eram mais baratas do que seriam as eventualmente produzidas no Brasil, uma vez que vinham de países já há muito industrializados, com disponibilidade de capital. Mas essa carta de intenção não tinha, em meados do século XIX, como sair do papel. A economia brasileira estava inteiramente organizada em torno da produção de primários e não bastariam taxas protecionistas para propiciar o surgimento de fábricas. De outro lado, o valor das taxas cobradas não poderia ser excessivamente alto, a ponto de inviabilizar o consumo dos manufaturados, enquanto não se instalasse a indústria nacional. Ausência de um contexto favorável e necessidade de manter o fluxo de manufaturados tiraram qualquer sentido protecionista da Tarifa Alves Branco.

A posição adotada na década de 1840 prevaleceu até o fim da monarquia. Depois da promulgação da Tarifa Alves Branco, novas leis sobre a taxação das importações foram aprovadas, mas seguindo basicamente os mesmos princípios. O principal objetivo continuou sendo fiscal, ou seja, garantir recursos para cobrir o déficit do tesouro brasileiro. Os acordos comerciais bilaterais, por sua vez, ficaram restritos praticamente aos países da América ibérica.

Abaixo a monarquia, viva a república

A monarquia foi capaz de, ao longo do século XIX, gerir o país segundo os parâmetros da elite dirigente. O Estado foi construído, as instituições foram organizadas de modo a normatizar a vida política e social. A ex-colônia portuguesa da América transformou-se na nação brasileira. Suas características foram definidas ao longo do processo em meio a disputas, divergências, crises e acordos. A monarquia criou mecanismos de controle e legitimação, de modo que a sociedade profundamente hierarquizada, com formas de acesso a bens, participação, direitos e privilégios extremamente desiguais, com parte da população na condição de escravos, tivesse algum grau de coesão que permitisse sua transmudação em comunidade nacional. Assim, o regime monárquico mostrou-se eficaz como projeto da elite dirigente para preservar a ordem escravista, a desigualdade social e, ao mesmo tempo, criar laços simbólicos e políticos entre os diversos setores sociais que garantissem certa estabilidade.

Isso não significava, contudo, ausência de contestações e crises. Como se procurou demonstrar nos capítulos anteriores, o regime monárquico conviveu durante todo o período com revoltas de diversos setores e intensas divergências e conflitos no interior da elite. Em alguns casos, as molas institucionais foram capazes de acomodar esses conflitos, em outros foram acionadas as forças de repressão. Mas foi também necessário ceder e promover transformações, como o fim do tráfico negreiro e depois a abolição da escravidão, em resposta a pressões que foram desde a política britânica até as revoltas de escravos.

Não se pode explicar o fim da monarquia simplesmente pelo contraponto entre uma suposta estabilidade e o surgimento de crises antes inexistentes, sendo necessário procurar compreender a especificidade dos acontecimentos que levaram à ruptura de 1889. Os historiadores, em geral, apontam para mudanças profundas no país como forma de explicar a proclamação da República. Transformações econômicas, sociais e políticas de grande alcance.

URBANIZAÇÃO

Nas últimas décadas do século XIX, intensificou-se a urbanização do país. Isso significou o crescimento de algumas cidades, modificando o panorama de uma sociedade quase exclusivamente agrária. Com exceção dos centros onde se localizavam os principais portos de exportação, como Salvador, Recife e o Rio de Janeiro, as cidades no período colonial eram pequenos núcleos, sem muita expressão. Esse quadro sofreu mudanças gradativas com a independência, uma vez que as capitais das províncias ganharam importância político-administrativa, sede de instituições do governo e algumas delas de faculdades (especialmente as de Direito de São Paulo e de Pernambuco, primeiro em Olinda, depois em Recife). A partir da década de 1870, novas transformações incrementaram o crescimento urbano. A economia continuava agrária e a grande maioria da população permanecia na zona rural, mas o crescimento das cidades gerou também o crescimento da população urbana e a diversificação de atividades.

Engenheiros, comerciários, profissionais liberais, funcionários públicos, empregados em transporte, operários, jornalistas, advogados, médicos, entre outros grupos profissionais povoavam o cenário urbano. Estavam associados a um processo que era também de modernização. Investimentos de empresas inglesas e de brasileiros resultaram na implementação de novas tecnologias em abastecimento de água, iluminação e transporte. A diversidade era também social. Escravos e livres circulavam pelas ruas, negros, pardos e brancos, membros da elite, inclusive agrária, setores intermediários, livres e pobres habitavam as cidades. Com o aumento da imigração na década de 1880, cresceu também o número de estrangeiros, muitos deles como operários nas fábricas.

A partir da década de 1870, algumas cidades ganharam um sistema de transporte por bondes, primeiro movidos por animais, depois com energia a vapor, que acelerava a mobilidade urbana e contribuía para a continuidade do seu crescimento. O fornecimento de água concentrado em chafarizes espalhados pela cidade, onde a população se abastecia, foi sendo aos poucos substituído pelo fornecimento direto em domicílio e estabelecimentos comerciais, por meio de canalização. Ainda na década de 1870, a iluminação pública passou a ser feita por lampiões a gás. Em 1879, foi feita a primeira instalação de luz elétrica, em estação ferroviária no Rio de Janeiro. Por fim, o telégrafo foi uma verdadeira revolução nas comunicações entre vários centros do país e com o exterior.

As mudanças na infraestrutura urbana foram responsáveis pelo aumento da circulação de investimento de capital nas cidades e pela criação de novas formas de trabalho, diversificando o perfil da população. Outra transformação que ocorria lentamente, mas que trazia em si mudanças econômicas profundas, era o surgimento de fábricas. No início, basicamente no setor têxtil e de bebidas. Não se pode falar em industrialização naquele período, pois era ainda uma tímida iniciativa. Mesmo assim, significava novas formas de investimento de capital e de trabalho.

A urbanização não se restringia a transformações tecnológicas. Havia um outro lado. Na década de 1880, a expansão das cidades e de sua população foi acompanhada pelo surgimento de cortiços, habitações pobres de brasileiros e imigrantes, de escravos libertos e escravos fugidos. Eram vistos com extrema preocupação por políticos e pelos setores mais

156 HISTÓRIA DO BRASIL IMPÉRIO

ricos, como foco de insegurança e perigo para a saúde pública, dadas as condições insalubres em que viviam seus moradores.

A diversificação da população urbana, em todos os seus matizes, gerava novas visões, demandas e comportamentos em relação a questões fundamentais como a escravidão, o sistema representativo e a organização política. Com menor dependência do uso do trabalho escravo, o abolicionismo vicejou entre os setores urbanos. Também reivindicavam maior representatividade política, com alargamento no direito de participação nas eleições e nas instâncias de decisão. Demandas que fortaleceram o movimento republicano entre os setores urbanos.

O MOTIM DO VINTÉM

Um exemplo que sintetiza bem essas mudanças foi a revolta que eclodiu no Rio de Janeiro nos primeiros dias de 1880, conhecida como Motim do Vintém. Era um protesto contra um novo imposto, de um vintém, que incidia sobre a passagem do bonde. Começou com uma manifestação em dezembro de 1879, quando cerca de cinco mil pessoas, lideradas pelo médico e jornalista republicano Lopes Trovão, reuniram-se em frente ao palácio imperial e decidiram entregar uma petição ao próprio imperador, reivindicando a revogação do imposto. O fato de ser um protesto relativo ao preço da passagem de bonde, uma das modernizações na infraestrutura urbana, de ser liderada por um médico e jornalista, por ter contado com a adesão de setores os mais diversos, reunindo os trabalhadores pobres dos cortiços com profissionais liberais, funcionários públicos e outros tantos grupos urbanos, é forte elemento simbólico dos novos tempos.

A estratégia política adotada também trazia novidade na tentativa de entregar ao imperador uma petição com sua reivindicação. Os manifestantes que se concentraram em frente ao palácio foram barrados pela força policial. Cavalaria e agentes armados de cassetetes impediram que a população se aproximasse do palácio. Naquele momento, os manifestantes acataram as ordens, mas sentiam-se vítimas de injustiça inaceitável, o impedimento pela polícia do acesso ao imperador.

A dimensão do acontecimento pode ser indicada pelo recuo de D. Pedro II, que naquele mesmo dia enviou mensagem a Lopes Trovão informando que estava disposto a receber uma delegação. Convite recusado por Lopes Trovão, que declarou: "O povo não voltava uma vez que lhe fecharam da primeira vez as portas do palácio agentes da polícia secreta". O movimento tomava um novo rumo.

Um comício foi convocado para 1º de janeiro. Só que em vez de petições, conclamava-se a população a boicotar o pagamento da passagem. Os habitantes da cidade foram convocados também a se concentrarem em uma praça. Com a presença de cerca de quatro mil pessoas, uma passeata partiu da praça e seguiu por diversas ruas. Os manifestantes, então, abandonaram a posição pacífica inicial. Arrancaram os trilhos percorridos pelos bondes, esfaquearam mulas que os conduziam e viraram os próprios bondes. Dispararam tiros e espancaram condutores. Formaram barricadas para enfrentar a polícia. Foram horas de confronto, durante as quais a cavalaria avançou sobre a multidão, juntamente com policiais armados. Ao final, os rebeldes foram dispersados pelas forças policiais.

Apenas um dia durou o Motim do Vintém, mas trazia em si nova forma de manifestação política que sintetizava transformações as quais a monarquia tinha cada vez mais dificuldade para responder. No caso do imposto do vintém, o impacto do movimento levou deputados e senadores a se manifestarem por sua revogação, que acabou acontecendo meses depois. Mas o recuo do governo nessa questão específica não seria suficiente para conter uma população que se distanciava da monarquia. Os mecanismos de legitimação estavam cada vez mais emperrados.

FERROVIAS

O crescimento urbano esteve acoplado a outra transformação de vulto: o surgimento das ferrovias, que revolucionaram o transporte de pessoas e mercadorias. Como visto no capítulo "Os tumultuados anos da Regência", o transporte por terra, realizado por tropas de mulas, era perigoso e extremamente lento. Foi um problema para a expansão da cafeicultura no Oeste Paulista, mas não se restringia a ela. Por todo país, pessoas e mercadorias percorriam caminhos íngremes no lombo de mulas, em viagens que poderiam demorar dias, semanas ou até meses, conforme a distância do percurso. Ficavam à mercê das variações climáticas e corriam riscos impostos pela precariedade das rotas que atravessavam. As dificuldades limitavam a locomoção das pessoas e impunham alto custo para o transporte das mercadorias.

Esse quadro sofreu profunda alteração com as ferrovias. A viagem tornava-se muito mais rápida e segura. Elas estimularam a circulação das pessoas entre as cidades e as fazendas. Trouxeram ganhos econômicos consideráveis ao tornar mais seguro, mais rápido e mais barato o transporte de mercadorias, que chegavam ao destino com sua qualidade preservada. Um dos resultados da expansão ferroviária foi a mudança de fazendeiros para as cidades, pois podiam de lá administrar suas fazendas, dada a facilidade da viagem. Uma vez moradores da cidade, investiram na infraestrutura urbana. Na outra ponta, as ferrovias tornaram-se meios de fuga para escravos.

A primeira ferrovia construída no Brasil foi inaugurada em 1854. Iniciativa de um brasileiro, o barão de Mauá, ligava a cidade do Rio de Janeiro a uma outra perto da serra de Petrópolis. Mauá associou-se a capitalistas ingleses e trouxe engenheiros da Inglaterra para a construção da ferrovia. O objetivo era ligar o porto do Rio de Janeiro a Minas Gerais, mas Mauá não teve fôlego financeiro para levar o negócio adiante. Em função da tecnologia e do volume de capital necessários, a maior parte das ferrovias foi construída por empresas estrangeiras, especialmente inglesas. Para atraí-las, o governo oferecia vantagens, como o monopólio da exploração das ferrovias e concessão de terras.

A expansão ferroviária tinha como objetivo central incentivar a economia exportadora. Por esse motivo, as primeiras linhas interligaram os centros de produção agrícola aos portos diretamente. Em 1858 foi inaugurada a The Recife and São Francisco Railway Company, entre a capital de Pernambuco e vila do Cabo, construída por uma empresa britânica. No mesmo ano começou a funcionar a primeira etapa da ferrovia D. Pedro II, que deveria ligar o Rio de Janeiro a São Paulo e que só foi concluída em 1883. Em 1867 foi inaugurada a São Paulo Railway, também inglesa, que ligava Jundiaí ao porto de Santos, com o principal objetivo de escoar a produção cafeeira que se expandia em direção ao Oeste Paulista. Na década de 1880, eram inauguradas ferrovias em Minas Gerais.

A expansão ferroviária contribuía para o crescimento urbano. Este, por seu turno, alimentava novas demandas e, com elas, nova agenda política. A monarquia parecia cada vez mais um obstáculo aos olhos dos grupos ligados à modernização e àqueles que ansiavam por maior participação política.

OS CAFEICULTORES DESCONTENTES

Apesar de estarem à frente da atividade mais rentável do país, a exportação de café, e de terem sido capazes de responder aos obstáculos que se apresentavam para sua contínua expansão, os cafeicultores paulistas no início da década de 1870, em sua maioria, articularam-se ao movimento republicano. Fundaram, em 1873, o Partido Republicano Paulista e participaram ativamente da mobilização em defesa da República. Como explicar que justamente o grupo econômico que controlava a atividade mais rentável, que, sob a monarquia, conseguira manter a cafeicultura em constante expansão e adotar medidas para enfrentar os problemas que se apresentavam, se tornou um adversário do regime monárquico?

Duas são as explicações e ambas de conteúdo político. Em primeiro lugar, os cafeicultores paulistas ressentiam-se do fato de que não contaram com o auxílio do governo central para superar os obstáculos à sua expansão. No caso da imigração, o fracasso das experiências iniciais demonstrou que ela só seria bem-sucedida com financiamento público. Sem conseguir aprovar no orçamento nacional recursos para a imigração, só conseguiram viabilizá-la com o financiamento feito pelo governo provincial, cujas rendas provinham na sua maior parte de impostos pagos pelos próprios cafeicultores. Foram eles também que tiveram de financiar a construção de uma rede ferroviária que ligasse suas fazendas a Jundiaí. Começou a se disseminar entre os cafeicultores o ressentimento de que, apesar dos impostos que pagavam para o governo central, tiveram que resolver sozinhos, com seus próprios recursos, os problemas para garantir a continuidade da expansão cafeeira.

Em segundo lugar, os cafeicultores paulistas consideravam injusto um sistema que privilegiava outras províncias, em detrimento daquela que era responsável pela produção da maior parcela de riqueza do país.

São Paulo se tornava uma potência econômica, mas não tinha influência política correspondente. Os cafeicultores consideravam que havia uma menor representatividade de São Paulo no sistema político em relação a outras províncias, com menor importância econômica. Nos ministérios, havia presença maior de ministros de Pernambuco, Bahia e Rio de Janeiro, da mesma forma no Conselho de Estado. Essas três províncias e Minas Gerais tinham bancadas maiores na Câmara e no Senado. Dessa maneira, os paulistas entendiam que sustentavam o país com sua cafeicultura sem ter, em contrapartida, maior influência nas decisões políticas.

Essa visão nutriu tanto seu republicanismo como a adesão de alguns deles ao separatismo. Em 1877, Ferreira de Menezes escrevia:

> Todos os anos somam os paulistas o que receberam do governo geral e comparam com o que deram ao mesmo; ora, como já dão mais do que recebem, [...] murmuram: porque não haveremos de ser independentes?

A independência de São Paulo, calculavam alguns dos membros da elite cafeicultora, seria o melhor caminho para a província. Asseguraria que a riqueza nela produzida não fosse apropriada por outros. Para esses separatistas, sair do império e fundar o próprio país seria a melhor solução, uma vez que contavam com uma economia dinâmica e autossuficiente, não pagariam o que consideravam um custo abusivo em impostos para o governo monárquico e teriam a direção política, sem depender de outros para a tomada de decisões. Alguns deles ainda acenavam como hipótese formar uma confederação com o sul de Minas Gerais e de Mato Grosso, Santa Catarina, Paraná e Rio Grande do Sul. Era o caso de Alberto Sales, irmão de um futuro presidente da República, Campos Sales, e que escreveu um livro com o sugestivo título *A pátria paulista*.

Os separatistas eram, no entanto, minoria. A maioria dos cafeicultores paulistas preferiu a permanência no país. A solução para seus problemas viria com a República. Sua principal bandeira era a federação. Em uma República com alto grau de autonomia das unidades federativas haveria pouca interferência do governo central, de modo que poderiam atingir seus objetivos sem precisar apelar para a separação.

O federalismo tornou-se, assim, a principal bandeira dos republicanos paulistas. Não estavam interessados em outros temas associados às reivindicações republicanas, como a ampliação da cidadania e da proteção dos direitos civis. Ao contrário, desejavam uma República capaz de manter a sociedade profundamente hierarquizada da qual se beneficiavam.

O MOVIMENTO REPUBLICANO

Desde a independência houve defensores da adoção da república no Brasil. Eram, contudo, vozes minoritárias. A partir da década de 1870, esse quadro mudou. Até mesmo no interior da tradicional elite política surgiram defensores da república. Para alguns historiadores, a origem do descontentamento estava na queda do gabinete de Zacarias de Gois, em 1868, e sua substituição por um ministério conservador. Avolumaram-se a partir de então as críticas aos poderes do imperador que demitira um gabinete que contava com apoio da maioria da Câmara. No entanto, diversas inversões ministeriais haviam acontecido antes, sem que a república fosse colocada como alternativa. Além disso, apesar de ter gerado uma crise política, na época foi vista pelos contemporâneos como mais uma das crises pelas quais eventualmente passava o regime monárquico. Não foi entendida como crise da própria monarquia.

A partir da década de 1870, membros do Partido Liberal aderiram ao movimento republicano. Essa dissidência tinha provavelmente como questões de fundo a defesa de reformas que respondessem aos novos desafios que o país enfrentava, além de demandas antigas. Em 1869, um manifesto assinado por antigas lideranças do Partido Liberal propunha um programa de reformas a ser adotado pelo partido. Entre elas, estavam propostas que marcaram a trajetória dos liberais ao longo da monarquia: o alargamento da autonomia das províncias, reforma do Judiciário, embora não mais com a radicalidade das fórmulas consagradas pelo Código de Processo Criminal de 1832, o fim da vitaliciedade do Senado e a diminuição da influência do Poder Moderador. Além dessas, novas reformas eram propostas, justificadas pelos autores do manifesto como necessárias frente às transformações no país:

162 HISTÓRIA DO BRASIL IMPÉRIO

> São as necessidades e condições sociais que vão dando objeto e
> oportunidade para aplicação dos princípios liberais, criando novas
> situações e exigindo novos programas.

Entre as novas reformas estavam a eleição direta, o fim do recrutamento forçado, a abolição da escravidão. Vários desses liberais dissidentes
participaram da fundação do Partido Republicano em 1870. No ano seguinte era lançado o Partido Republicano Federativo. No seu manifesto, expunha
seu programa e ao final trazia a assinatura de seus apoiadores. Eram antigas
lideranças do Partido Liberal, mas não só. Advogados, jornalistas, médicos,
professores, engenheiros e negociantes assinaram o manifesto.

Depois de criticar duramente a monarquia, atribuindo ao imperador o desvirtuamento do governo representativo e a prática de um poder
absoluto, o manifesto apresenta suas propostas. A primeira delas era a
federação, que segundo os republicanos havia sido adotada com o Ato
Adicional, mas nulificada depois pela reforma conservadora, com apoio
do imperador. Mas a federação que propunham deveria consagrar um grau
de autonomia para as províncias muito mais amplo do que o previsto pelo
Ato Adicional:

> O regime da federação baseada, portanto, na independência recí-
> proca das províncias, elevando-as à categoria de Estados próprios,
> unicamente ligados pelo vínculo da mesma nacionalidade e da
> solidariedade dos grandes interesses da representação e da defesa
> exterior, é aquele que adotamos no nosso programa.

Embora o Ato Adicional tenha consagrado um arranjo federativo
e este tenha prevalecido durante toda a monarquia, na década de 1870
os republicanos reivindicavam seu alargamento. Autonomia ainda mais
abrangente para as províncias e eleição dos seus presidentes estavam entre
os pontos que demandavam.

Em seguida, o manifesto afirmava que o governo representativo só
seria realidade, só haveria "verdade democrática", com o protagonismo
do Legislativo e eleições para o Executivo. O fim da monarquia, portanto. Argumentava ainda que a república era a vocação natural dos países
americanos: "Somos da América e queremos ser americanos". A monar-

quia, nessa perspectiva, seria característica da Europa e o Brasil acabara se isolando do resto do continente ao ser o único país a adotá-la. Essa era outra novidade trazida pelos republicanos, a valorização do pertencimento à América. Durante a monarquia, era comum os políticos usarem como referência a Inglaterra e a França e marcarem a diferença com os demais países americanos. Não era raro afirmarem que a monarquia conferia ao país a estabilidade que faltava aos vizinhos. A exceção era feita em alguns aspectos e com ressalvas aos Estados Unidos. Enquanto para os republicanos era o modelo a ser seguido.

Ao longo da década de 1870 e principalmente na de 1880, surgiram por todo país jornais e clubes republicanos. O movimento se tornava nacional, mas em geral se restringia às grandes cidades e não conseguiu organizar um partido que articulasse efetivamente os adeptos da república. A exceção aconteceu em São Paulo, com a fundação do Partido Republicano Paulista.

Unidos pela defesa da república, jornais e clubes divergiam em pontos centrais. Um deles era a escravidão. A aprovação da Lei do Ventre Livre em 1871 e, depois, o crescimento do movimento abolicionista colocavam a escravidão em xeque justamente quando o movimento republicano começava a ter expressão no cenário nacional. Em diversas províncias, republicanos evitaram tomar posição clara sobre a abolição. Na década de 1880, quando o abolicionismo e o movimento republicano ganharam maior envergadura, peso político e maior capacidade de mobilização, mantiveram-se separados. Havia abolicionistas monarquistas, como Joaquim Nabuco, e republicanos que se recusavam a assumir a bandeira da abolição. Nesse caso, optavam pelo silêncio.

Os republicanos que relutavam em aderir ao abolicionismo não queriam associar o movimento à defesa da abolição para não perder apoio entre aqueles que a ela eram contrários. Por outro lado, não podiam deixar de reconhecer que a questão da escravidão precisava ser enfrentada. Defendiam que era um problema a ser resolvido pela monarquia e pelas províncias, de acordo com sua realidade específica, seguindo assim a perspectiva federalista.

164 HISTÓRIA DO BRASIL IMPÉRIO

Mas havia também republicanos abolicionistas. O jornal fluminense *A República* criticou a promulgação da Lei do Ventre Livre, em defesa da abolição imediata com indenização aos proprietários:

> Há muita gente que se assusta com o algarismo enorme da indenização, mas entre este algarismo e o que tiver que gastar com uma guerra civil, que escolha quem for capaz. Nós os republicanos e ipso facto abolicionistas, o que não podemos aceitar é o funesto presente dos danos que, sob a falsa aparência de alta filantropia, acabam de atirar no seio da sociedade brasileira o facho da conflagração.

Na visão do periódico, a emancipação gradual dos escravos, tal como prevista na lei de 1871, resultaria em intensificação dos conflitos sociais, pois estimulava a revolta de escravos. A abolição imediata era defendida por esses republicanos como o melhor caminho para a manutenção da ordem e para evitar uma guerra civil.

Por outro lado, acenavam aos proprietários ao defender sua indenização. Nesse ponto, o jornal comungava com um aspecto importante da lei que acabava de ser promulgada e que também previa a indenização: o reconhecimento da legitimidade da escravidão.

Havia também divergência sobre as estratégias para acabar com a monarquia e instaurar a república. Duas correntes principais firmaram-se no interior do movimento republicano. Também nesse caso, a preocupação com a transformação dentro da ordem era central. A corrente majoritária ficou conhecida como evolucionista, porque era contrária a movimentos armados ou revolucionários para instaurar a república. Esta viria com o tempo, a partir de um programa reformista a ser encaminhado no Parlamento e por uma política de convencimento gradual dos vários setores sociais, que tornaria a transição pacífica porque desejada por todos. Uma transição dentro da ordem, sem convulsões sociais. O momento para fazê-lo, para alguns desses republicanos, seria depois da morte de D. Pedro II. O principal líder dessa corrente, o jornalista fluminense Quintino Bocaiúva, foi eleito presidente do partido no Congresso Republicano Federal, realizado em São Paulo em 1889. Saldanha Marinho, dissidente do Partido Liberal, era outra liderança que advogava essa estratégia.

ABAIXO A MONARQUIA, VIVA A REPÚBLICA **165**

Em oposição, havia a corrente minoritária chamada de revolucionária. Defendia que todos os meios deveriam ser empregados para derrubar a monarquia, inclusive a violência. Ao invés da educação de cima para baixo, conforme queriam os evolucionistas, apostavam na mobilização popular para lutar pela república. Um dos seus principais líderes era o advogado fluminense Silva Jardim.

O movimento republicano cresceu à medida que expressava a insatisfação de setores urbanos e cafeicultores paulistas com um regime que não se mostrava capaz de atender às demandas trazidas pelas transformações por que passava o país. Seu crescimento e mobilização foram importantes para tornar real a alternativa republicana. Mas não foram eles que lideraram as ações que resultaram diretamente na proclamação da República. A derrubada da monarquia foi concretizada pela ação dos militares.

EXÉRCITO: UM NOVO ATOR POLÍTICO

Terminada a Guerra do Paraguai em 1870, muitos oficiais do Exército dela retornaram com uma perspectiva nova. Em primeiro lugar, seu protagonismo no desfecho da guerra, quando a Guarda Nacional se mostrou insuficiente e coube a um Exército reformado e ampliado garantir a vitória, possibilitou que os militares reivindicassem o reconhecimento de sua importância. Durante décadas relegada a segundo plano, a corporação exigia tratamento condizente com o papel desempenhado na guerra.

Havia ainda o ressentimento em relação à intervenção dos governos civis nas decisões sobre a condução do conflito. Para eles, a interferência do ministério teria sido responsável pelas dificuldades no campo de batalha. Surgia entre os militares uma visão negativa da elite civil monárquica.

Nos anos seguintes, mobilizaram-se em defesa dos seus interesses corporativos. Em 1879, quando foi aprovado um corte no orçamento dos recursos destinados ao Exército e à Marinha, a dura oposição dos oficiais obrigou o Parlamento a recuar. Em 1881, dois militares lançaram-se candidatos à eleição para a Câmara dos Deputados. Militares foram eleitos deputados e alguns chegaram ao Senado durante o regime monárquico. A novidade dessas candidaturas foi terem assumido claramente um discurso de defesa das demandas corporativas como aumento dos soldos, maior

166 HISTÓRIA DO BRASIL IMPÉRIO

agilidade nas promoções e críticas ao governo pelas más condições em que viviam os soldados. Esses candidatos não foram eleitos, mas sua campanha mostrava uma nova faceta do Exército: sua oposição à elite imperial. Exigiam que a corporação fosse tratada com a deferência e o prestígio dos quais, no seu entender, ela era merecedora.

Para além das questões próprias da corporação, parte do oficialato, depois da Guerra do Paraguai, defendia um papel diferente para o Exército. Diante de uma elite que considerava corrupta e incompetente, se identificando como os verdadeiros e únicos defensores do interesse nacional, esses oficiais entendiam que aos militares cabia intervir politicamente para salvar o país. Na década de 1880, o descontentamento de origem corporativista ampliou-se para posições sobre outros temas que envolviam visões distintas sobre o futuro do Brasil. Os militares advogavam a necessidade de modernização. Defendiam políticas que estimulassem a industrialização, a urbanização acelerada e maior investimento em ferrovias. O progresso se transformava em uma das principais bandeiras do Exército, a ser alcançado mesmo que para isso fosse necessário derrubar o governo.

Muitos oficiais e soldados eram também abolicionistas. Consideravam a escravidão um arcaísmo que impedia o progresso. Haviam lutado na guerra ao lado de ex-escravos. Parecia injustificável, aos militares, que seus companheiros na luta em defesa da pátria tivessem familiares submetidos à condição de escravos e que eles próprios um dia tenham sido escravos.

A partir da década de 1870, os oficiais do Exército, aos poucos, formularam uma nova concepção do seu papel na sociedade brasileira. Eram seus defensores contra agressões externas, mas deviam também interferir na política interna, para combater a corrupção e ineficácia dos políticos civis e para implementar o seu projeto de nação, que garantiria a ordem e o progresso.

Cada vez mais os militares participavam do debate político, principalmente através da imprensa. Acirrava-se sua oposição ao governo. Um episódio tornou-se famoso por sua repercussão e por ter contribuído para aprofundar o enfrentamento entre oficiais e governo civil. Depois de publicar diversos artigos em jornais, contra projetos discutidos no Parlamento que eram considerados contrários aos interesses dos militares, o coronel Sena Madureira, comandante da Escola de Tiro de Campo Grande, no Rio de Janeiro, recebeu, em 1884, em cerimônia solene, Francisco do Nascimento, um dos líderes dos jangadeiros que protagonizaram no Ceará o movimento abolicionista naquela província. O ajudante-general do Exército, maior autoridade depois do ministro da Guerra, o interpelou sobre o fato e exigiu explicações. Sena Madureira recusou-se a responder à interpelação. Foi demitido do comando e transferido para o Rio Grande do Sul.

O caso despertou polêmica nos jornais e agitação na Escola Militar, cursada pelos aspirantes à carreira militar. O coronel Ernesto da Cunha Matos, um dos oficiais que recorria à imprensa para defender suas posições, foi advertido pelo ministro da Guerra com base em um aviso de 1859 que proibia oficiais de discutir assuntos políticos e militares na imprensa. Cunha Matos discordou publicamente da interpretação dada ao aviso pelo ministro e foi punido com prisão disciplinar de dois dias. No Rio Grande do Sul, Sena Madureira publicou no jornal republicano *A Federação* um manifesto em sua defesa e de Cunha Matos, com acusações ao governo de os ter punido com base em normas que feriam o direito da livre manifestação. Foi mais uma vez advertido, mas novamente publicou artigo contra o governo. Era então comandante da Escola Preparatória e de Tática do Rio Pardo. Como punição foi exonerado do comando.

As punições amplificaram a polêmica e a agitação entre os militares. Oficiais no Rio Grande do Sul, sob a liderança do general Manuel Deodoro da Fonseca, anunciaram que eram contra as sanções aplicadas aos oficiais que se pronunciavam pela imprensa.

Deodoro, Sena Madureira e mais dois coronéis foram transferidos para o Rio de Janeiro, destituídos dos cargos que ocupavam. Em assembleia, alunos da Escola Militar aprovaram moção apresentada por um dos seus professores, Benjamin Constant Botelho de Magalhães, que expressava solidariedade aos oficiais do Rio Grande do Sul. A moção desencadeou manifestações semelhantes de solidariedade de guarnições de várias partes do país. A reação do governo foi determinar a prisão de Sena Madureira. Uma tentativa de solução foi adotada em maio de 1889. O Senado convidou o governo a suspender as punições e a aplicação dos avisos que impediam a manifestação dos militares. O governo atendeu ao convite e, dessa forma, esperava-se superar os conflitos com os oficiais.

Foi uma solução para o conflito específico, mas não era suficiente para desmobilizar os oficiais. A tensão se agravou nos anos seguintes. Os

168 HISTÓRIA DO BRASIL IMPÉRIO

militares articulavam-se na defesa dos direitos da corporação, na crítica à monarquia, em nome de um projeto de nação. Estavam convencidos de seu direito e obrigação de intervir na política para salvar o país dos desmandos da elite imperial. A solução que se apresentava era a república e caberia aos militares proclamá-la.

A PROCLAMAÇÃO DA REPÚBLICA

Desde 1887, Deodoro, Sena Madureira, Benjamin Constant, entre outros, dedicavam-se a organizar os militares para a luta contra a elite política civil do império. Nesse ano fundaram o Clube Militar do Rio de Janeiro, sob a presidência de Deodoro, e depois em outras províncias, com objetivos claramente políticos. Uma das iniciativas do Clube Militar foi publicar sua rejeição ao fato de que, diante do aumento das revoltas e fugas de escravos, militares estavam sendo convocados para a repressão e captura desses escravos. Abolicionistas, os oficiais não aceitavam que o Exército desempenhasse esse papel.

Mas o fim da escravidão, pela lei aprovada em maio de 1888, não conteria os oficiais que consideravam que apenas com a república poderiam colocar o país no caminho da ordem e do progresso. Em junho de 1888, um novo ministério foi nomeado, chefiado pelo visconde de Ouro Preto, com um programa que prometia reformas para atender à insatisfação dos militares, dos setores urbanos, dos cafeicultores paulistas e dos fazendeiros que haviam perdido seus escravos. Reformas para conter o avanço do movimento republicano e preservar a monarquia. Anos depois, Ouro Preto escreveria:

> Apresentei-me às câmaras com um programa francamente democrático, comprometendo-me a realizar reformas liberais que inutilizassem virtualmente a propaganda republicana.

Entre as reformas estava a ampliação do grau de autonomia das províncias, para atender às demandas federalistas, o fim da vitaliciedade do Senado, uma política econômica para auxiliar os fazendeiros que enfrentavam dificuldades com o fim da escravidão e medidas para ampliar a participação eleitoral. No entanto, suas propostas não foram aceitas pela maioria da Câmara. Por essa razão, o imperador a dissolveu e convocou novas eleições. A república seria instaurada antes que nova Câmara fosse eleita.

Crescia no interior do movimento republicano a ideia de que caberia aos militares liderar a ação para derrubar a monarquia. Alguns oficiais se reuniram com lideranças republicanas civis. Os oficiais do Exército, contudo, sem desprezar apoios, se consideravam os únicos agentes capazes de proclamar a república. Não queriam também a mobilização popular, por ser perigosa para a manutenção da ordem. Na sua concepção, apenas os militares estavam capacitados para promover a mudança.

Em reunião do Clube Militar do Rio de Janeiro, sob a presidência de Benjamin Constant, substituindo Deodoro que estava doente, em 9 de novembro de 1889, foi decidido pelos presentes que era hora de agir, conferindo ao presidente do Clube, Deodoro, o papel de líder do movimento. Em discurso pronunciado na ocasião, Benjamin Constant ainda apontava para a possibilidade de algum tipo de negociação com o governo, mas também explicitava a disposição de pegar em armas contra ele:

> O sr. presidente, chamando a si tão alta quão patriótica responsabilidade, declara que se não lhe fosse dado convencer aos homens do governo que eles marchavam em um caminho errado [...]. Se os meios legais e suasórios não fossem suficientes para mudar a direção de uma política caduca, política de homens ignorantes e sem patriotismo algum, estaria pronto para desprezar o que há de mais sagrado, o amor da família, para ir morrer conosco nas praças públicas, combatendo em prol de uma pátria que era vítima de verdadeiros abutres.

Benjamin Constant expressava o sentimento dominante entre os oficiais, a repulsa à elite civil, o Exército como salvador da pátria e a insurreição armada como estratégia. Deodoro da Fonseca, por sua vez, apesar de estar ao lado dos oficiais nos conflitos com o governo, relutava em aderir à república. Nos últimos dias acabou convencido por companheiros como Benjamin Constant.

170 HISTÓRIA DO BRASIL IMPÉRIO

Na noite de 14 de novembro, boatos de que oficiais republicanos seriam presos levaram a 2ª Brigada do Exército, no quartel de São Cristóvão, no Rio, a se colocar em prontidão. Na madrugada, Deodoro da Fonseca e Benjamin Constant foram ao quartel para assumir a liderança do contingente rebelde. Informados da movimentação das tropas, Ouro Preto e os demais ministros se reuniram no quartel-general do Exército, no Campo de Santana, confiantes de que contavam com o apoio dos militares que lá se encontravam.

Foram cercados pelos rebeldes. O contingente do Campo de Santana aderiu à insurreição e os ministros foram presos. Poucas horas depois, já no dia 15 de novembro, os militares proclamaram a República e nomearam um governo provisório. A proclamação da República no Brasil acabou sendo resultado da ação dos militares, para alguns historiadores, um golpe militar. Sob a presidência de Deodoro da Fonseca, o primeiro governo republicano era formado por militares, como Benjamin Constant, mas também incluía lideranças republicanas civis, como Rui Barbosa, Quintino Bocaiúva e Aristides Lobo. D. Pedro II foi obrigado a deixar o país e exilou-se na Europa. Terminava a monarquia.

As transformações pelas quais passava o país trouxeram consigo novas demandas dos crescentes setores urbanos, dos cafeicultores do Oeste Paulista, dos militares, de antigos liberais, que desaguaram no movimento republicano. Embora seja possível para o historiador apontar elementos que desde a década de 1870 surgiram como decisivos para a vitória da República, na época não havia a percepção de que o regime monárquico caminhava necessariamente para o fim. A alternativa republicana poderia ser ou não vitoriosa. A combinação de acontecimentos e grupos distintos acabou resultando na proclamação da República, transformação profunda, que determinaria uma nova dinâmica política. Mas que seria marcada também por continuidades.

Unidades administrativas brasileiras

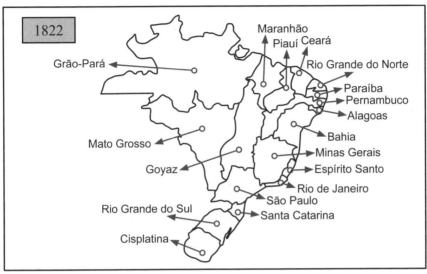

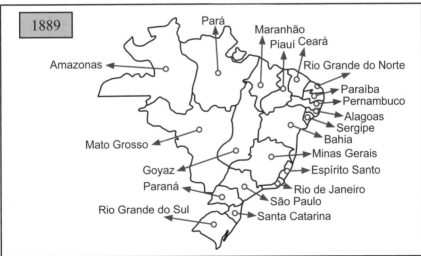

O primeiro mapa apresenta as províncias brasileiras na época da independência, incluindo a Cisplatina que se tornaria em 1828 um país independente, o Uruguai. Ao longo do Império houve mudanças na divisão administrativa, com criação de novas províncias: Sergipe (dezembro de 1822), Amazonas (1850) e Paraná (1853). Houve também algumas alterações fronteiriças, decorrentes de acordos com países vizinhos e da Guerra do Paraguai, de modo que em 1889, ano da proclamação da República, o país tinha a configuração apresentada no segundo mapa.

Sugestões de leitura

ALEXANDRE, Valentim. *Os sentidos do império*. Questão nacional e questão colonial na crise do Antigo Regime português. Porto: Edições Afrontamento, 1993.

ALMEIDA, Paulo Roberto de. *Formação da diplomacia econômica no Brasil*. Brasília: Funag, 2001.

ALONSO, Angela. *Flores, votos e balas*. O movimento abolicionista brasileiro (1868-1888). São Paulo: Companhia das Letras, 2015.

ASSUNÇÃO, Matthias Röhrig. Sustentar a Constituição e a santa religião católica, amar a pátria e o imperador. Liberalismo popular e o ideário da Balaiada no Maranhão. In: DANTAS, Monica (org.). *Revoltas, motins, revoluções*. Homens livres pobres e libertos no Brasil do século XIX. São Paulo: Alameda, 2011, pp. 295-328.

BANDEIRA, Luis Moniz. *O expansionismo brasileiro e a formação dos Estados na bacia do Prata*. Da colonização à Guerra da Tríplice Aliança. 2. ed. Brasília: Editora da UnB, 1995.

BARBOSA, Silvana Mota. A política progressista: parlamento, sistema representativo e partidos nos anos 1860. In: CARVALHO, José Murilo de; NEVES, Lúcia Maria Bastos Pereira das. *Repensando o Brasil dos oitocentos*: cidadania, política e liberdade. Rio de Janeiro: Civilização Brasileira, 2009, pp. 293-324.

BERBEL, Márcia Regina. *A nação como artefato*. Deputados do Brasil nas Cortes portuguesas (1821-1822). São Paulo: Hucitec, 1999.

CARVALHO, José Murilo de. *A construção da ordem*. A elite política imperial. Brasília: UnB, 1981.

_____. *Teatro de sombras*: a política imperial. São Paulo: Vértice, 1988.

_____. *Cidadania no Brasil*: o longo caminho. 14. ed. Rio de Janeiro: Civilização Brasileira, 2011.

CARVALHO, Marcus J. M. de; CÂMARA, Bruno Dornelas. A rebelião Praieira. In: DANTAS, Monica (org.). *Revoltas, motins, revoluções*. Homens livres pobres e libertos no Brasil do século XIX. São Paulo: Alameda, 2011, pp. 355-90.

CONRAD, Robert. *Os últimos anos da escravatura no Brasil, 1850-1888*. São Paulo: Civilização Brasileira, 1975.

COSTA, Emília Viotti da. *Da monarquia à república*. Momentos decisivos. São Paulo: Brasiliense, 1987.

_____. *Da senzala à colônia*. 4. ed. São Paulo: Editora Unesp, 1998.

COSTA, Wilma Peres. *A espada de Dâmocles*. São Paulo: Hucitec, 1996.

DANTAS, Monica. Constituição, poderes e cidadania na formação do Estado nacional brasileiro. In: SOUZA, Maria das Graças. *Rumos da cidadania*. São Paulo: Instituto Prometheus, 2010.

_____. Revoltas, motins, revoluções: das ordenações ao Código Criminal. In: _____(org.). *Revoltas, motins, revoluções*. Homens livres pobres e libertos no Brasil do século XIX. São Paulo: Alameda, 2011, pp. 7-68.

DIAS, Maria Odila da Silva. *A interiorização da metrópole e outros estudos*. São Paulo: Alameda, 2005.

DOLHNIKOFF, Miriam. *O pacto imperial*: origens do federalismo no Brasil. São Paulo: Globo, 2005.

_____. *José Bonifácio*. São Paulo: Companhia das Letras, 2012.

_____ et al. Representação política no Império: crítica à ideia de falseamento institucional. In: LAVALLE, Adrian G. (org.). *O horizonte da política*. São Paulo: Editora Unesp, 2012.

FERREIRA, Gabriela Nunes. Conflitos no rio da Prata. In: GRINBERG, Keila; SALLES, Ricardo (orgs.). *O Brasil Imperial (1808-1831)*. Rio de Janeiro: Civilização Brasileira, 2009, v. 1, pp. 309-42.

GRAHAM, Sandra Lauderdale. O Motim do Vintém e a cultura política do Rio de Janeiro, 1880. In: DANTAS, Monica (org.). *Revoltas, motins, revoluções*. Homens livres pobres e libertos no Brasil do século XIX. São Paulo: Alameda, 2011, pp. 485-510.

GRAHAN, Richard. *Clientelismo e política no Brasil do século XIX*. Rio de Janeiro: Editora da UFRJ, 1997.

GUIMARÃES, Lúcia Paschoal. *Debaixo da imediata proteção imperial*: Instituto Histórico e Geográfico Brasileiro. 2. ed. São Paulo: Annablume, 2011.

GUIMARÃES, Manoel Salgado. "Nação e civilização nos trópicos: o Instituto Histórico e Geográfico Brasileiro e o projeto de uma história nacional". *Estudos Históricos*. Rio de Janeiro, v. 1, n. 1, 1988, pp. 5-27.

HALL, Michael; STOCKLE, Verena. "A introdução do trabalho livre nas fazendas de café de São Paulo". *Revista Brasileira de História*. São Paulo, n. 6, 1980, pp. 80-120.

HOLANDA, Sérgio Buarque de. *História geral da civilização brasileira*. Do Império à República. 4. ed. São Paulo: Difel, 1985, t. 2, v. 5.

JANCSÓ, István; PIMENTA, João Paulo G. Peças de um mosaico (ou apontamentos para o estudo da emergência da identidade nacional brasileira). In: MOTA, Carlos Guilherme (org.). *Viagem incompleta*. A experiência brasileira (1500-2000). São Paulo: Editora Senac, 2000.

KRAAY, Hendrik. Tão assustadora quanto inesperada: a Sabinada baiana, 1837-1838. In: DANTAS, Monica (org.). *Revoltas, motins, revoluções*. Homens livres pobres e libertos no Brasil do século XIX. São Paulo: Alameda, 2011, pp. 263-94.

LEMOS, Renato. A alternativa republicana e o fim da monarquia. In: GRINBERG, Keila; SALLES, Ricardo (orgs.). *O Brasil imperial (1870-1889)*. Rio de Janeiro: Civilização Brasileira, 2009, v. 3, pp. 401-44.

LIMA, Luciano Mendonça de. Quebra-Quilos: uma revolta popular na periferia do Império. In: DANTAS, Monica (org.). *Revoltas, motins, revoluções*. Homens livres pobres e libertos no Brasil do século XIX. São Paulo: Alameda, 2011, pp. 449-84.

MACHADO, Maria Helena Pereira Toledo. *O plano e o pânico*: os movimentos sociais na década da abolição. Rio de Janeiro: Editora UFRJ, 1994.

_____. Teremos grandes desastres, se não houver providências enérgicas e imediatas: a rebeldia dos escravos e a abolição da escravidão. In: GRINBERG, Keila; SALLES, Ricardo (orgs.). *O Brasil imperial (1870-1889)*. Rio de Janeiro: Civilização Brasileira, 2009, v. 3, pp. 367-400.

MAMIGONIAN, Beatriz Gallotti. A proibição do tráfico atlântico e a manutenção da escravidão. In: GRINBERG, Keila; SALLES, Ricardo (orgs.). *O Brasil imperial (1808-1830)*. Rio de Janeiro: Civilização Brasileira, 2009, v. 1, pp. 207-33.

MARSON, Isabel. *O império do progresso*. A Revolução Praieira. São Paulo: Brasiliense, 1987.

MELLO, Evaldo Cabral de. *A outra independência*. O federalismo pernambucano de 1817 a 1824. São Paulo: Editora 34, 2004.

MOREL, Marco; BARROS, Mariana Monteiro de. *Palavra, imagem e poder*. O surgimento da imprensa no Brasil do século XIX. Rio de Janeiro: DP&A Editora, 2003.

NEVES, Lúcia Maria Bastos P. (org.). *Livros e impressos*: retratos do setecentos e do oitocentos. Rio de Janeiro: EdUerj, 2009.

SUGESTÕES DE LEITURA 175

OLIVEIRA, Maria Luiza Ferreira de. Resistência popular contra o Decreto 798 ou a lei do cativeiro: Pernambuco, Paraíba, Alagoas, Sergipe, Ceará, 1851-1852. In: DANTAS, Monica (org.). *Revoltas, motins, revoluções.* Homens livres pobres e libertos no Brasil do século XIX. São Paulo: Alameda, 2011, pp. 391-428.

PARRON, Tâmis. *A política da escravidão no Império do Brasil, 1826-1865.* Rio de Janeiro: Civilização Brasileira, 2011.

PICCOLO, Helga Iracema Landgraf. "Da descolonização à consolidação da República: a questão do separatismo *versus* federação no Rio Grande do Sul, no século XIX". *Indicadores Econômicos FEE.* Porto Alegre, 21(3), 1993, pp. 148-58.

_____. A questão do federalismo no Rio Grande do Sul. In: HEINZ, Flávio M.; HERRLEIN JR., Ronaldo (orgs.). *Histórias regionais do Cone Sul.* Santa Cruz do Sul: Edunisc, 2003.

PINHEIRO, Luís Balkar Sá Peixoto. Cabanagem: percursos históricos e historiográficos. In: DANTAS, Monica (org.). *Revoltas, motins, revoluções.* Homens livres pobres e libertos no Brasil do século XIX. São Paulo: Alameda, 2011, pp. 201-28.

REIS, João José. *Rebelião escrava no Brasil.* A história do levante dos Malês. 2. ed. São Paulo: Brasiliense, 1987.

_____. *A morte é uma festa*: ritos fúnebres e revolta popular no Brasil do século XIX. São Paulo: Companhia das Letras, 1991.

_____. Quem manda em Salvador? Governo local e conflito social na greve de 1857 e no protesto de 1858 na Bahia. In: DANTAS, Monica (org.). *Revoltas, motins, revoluções.* Homens livres pobres e libertos no Brasil do século XIX. São Paulo: Alameda, 2011, pp. 429-48.

RIBEIRO, Gladys Sabina; PEREIRA, Vantuil. O Primeiro Reinado em revisão. In: GRINBERG, Keila; SALLES, Ricardo (orgs.). *O Brasil imperial (1808-1831).* Rio de Janeiro: Civilização Brasileira, 2009, v. 1, pp. 137-74.

RICÚPERO, Bernardo. *O romantismo e a ideia de nação no Brasil (1830-1870).* São Paulo: Martins Fontes, 2004.

SILVA, Lígia Osorio. *Terras devolutas e latifúndio.* Campinas: Editora Unicamp, 1996.

SLEMIAN, Andrea. Seriam todos cidadãos? Os impasses na construção da cidadania nos primórdios do constitucionalismo no Brasil (1823-1824). In: JANCSÓ, István (org.). *Independência*: história e historiografia. São Paulo: Hucitec, 2005.

_____. *Sob o império das leis*: constituição e unidade nacional na formação do Brasil (1822-1834). São Paulo: Hucitec, 2009.

VELLASCO, Ivan de Andrade. "Os predicados da ordem: os usos sociais da justiça nas Minas Gerais 1780-1840". *Revista Brasileira de História.* São Paulo, n. 50, 2005, pp. 167-200.

GRÁFICA PAYM
Tel. [11] 4392-3344
paym@graficapaym.com.br